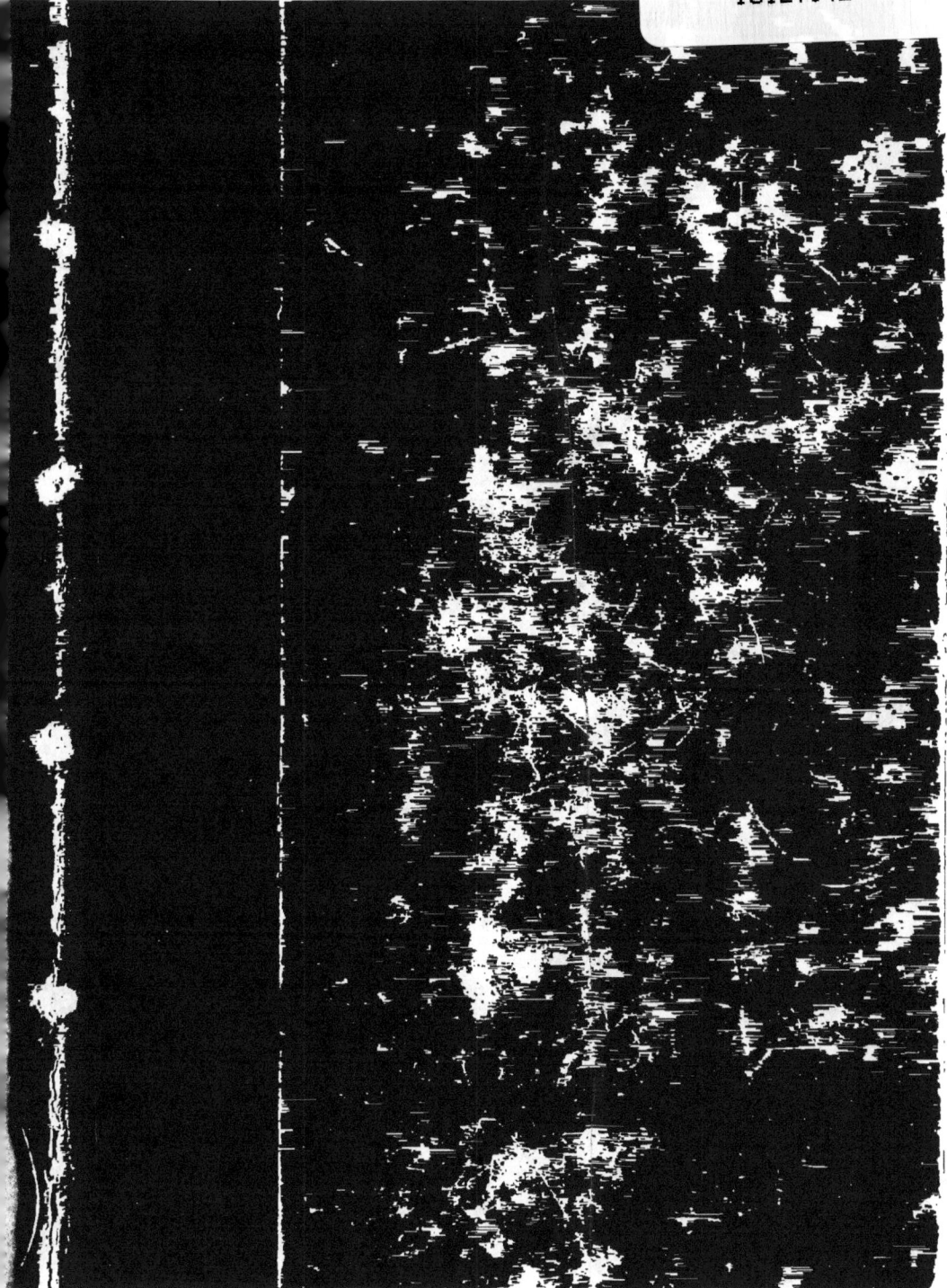

VOLTAIRE

ET

SES MAITRES

PARIS. — IMPRIMERIE POUPART-DAVYL ET COMP., RUE DU BAC, 30.

VOLTAIRE

ET

SES MAITRES

ÉPISODE

DE L'HISTOIRE DES HUMANITÉS EN FRANCE

PAR

ALEXIS PIERRON

PARIS

LIBRAIRIE ACADÉMIQUE

DIDIER ET Cᴵᴱ, LIBRAIRES-ÉDITEURS

35, QUAI DES AUGUSTINS. 35

—

1866

A LA MÉMOIRE

DE

CHARLES ROLLIN

ET DE

L'ANCIENNE UNIVERSITÉ DE PARIS

HUMBLE OFFRANDE

VOLTAIRE

ET SES MAITRES

Voltaire a été élevé par les Jésuites. On peut
se demander pourquoi M. Arouet, bourgeois et
magistrat, mit son fils cadet au collége Louis-

le-Grand. Voici probablement les raisons qui avaient déterminé ce choix.

Quelques années après que François-Marie eut quitté le collége, M. Arouet disait : « J'ai pour fils deux fous, l'un en prose et l'autre en vers. » Le fou en prose, l'aîné, était déjà fou quand le fou en vers n'en était pas encore à *rosa*, la rose. La démence janséniste avait éclaté en lui presque dès l'enfance. Je ne sais pas où il avait fait ses classes ; mais ce n'est pas forcer les conjectures que de supposer qu'il ne sortait pas de Louis-le-Grand. Ce n'est point au-dessus du Plessis-Sorbonne qu'on prenait le germe de la maladie dont il fut toute sa vie travaillé. M. Arouet était bien sûr que les Jésuites ne lui rendraient pas un fauteur de Quesnel.

Le collége Louis-le-Grand, au commencement du dix-huitième siècle, était encore ce qu'il avait toujours été, l'école favorite des grandes familles de l'aristocratie. C'est là que se formait, comme parle le poëte de *la Chartreuse*, l'enfance des fils des héros et des dieux. Gresset n'exagère pas. Lisez le livre de M. Émond, l'historien du collége. Louis-le-Grand conserva ce caractère aristocratique jusqu'à la fin, c'est-à-dire jusqu'à sa transformation en chef-lieu de l'Université de Paris. Mettre un enfant chez les Jésuites, c'était lui assurer à l'avance des amitiés utiles, des aides pour faire un jour son chemin dans le monde. Que M. Arouet ait fait ce petit calcul, et qu'il se soit même dit que les RR. PP. n'étaient pas une protection à dédaigner, cela ne fait pour moi aucun doute. Ce que voulait cet excellent homme, ce n'était pas l'honneur de donner un bel-esprit de plus à la France, mais l'honneur de voir un magistrat de plus dans sa famille. « J'ai refusé, dit Voltaire dans le *Mémoire sur la Satire*, la charge d'avocat du roi à Paris, que ma famille, qui a exercé longtemps des charges de judicature en province, voulait m'acheter. » Fournir la finance, c'était certes l'essentiel ; mais un magistrat debout n'était point destiné à vivre obscur comme un conseiller assis, ou comme un trésorier de la Chambre des Comptes. Avec de l'entregent, un avocat du roi était en passe de fortune politique. Conseillers d'État, secrétaires d'État, ambassadeurs, ministres à portefeuille, les plus grands dignitaires, le Chancelier même, n'étaient presque jamais que des robins heureux, poussés vers

les sommets par l'adresse et l'intrigue, ou par
le hasard des circonstances. Quelle chance
d'avoir joué à la balle ou au cheval-fondu avec
les enfants d'un Marc-René d'Argenson, des
ministres inévitables !

Quant à la qualité des études, la conscience
de M. Arouet pouvait être en parfait repos. Les
Jésuites enseignaient exactement les mêmes choses que l'Université, et de la même façon, et
avec le même succès. L'Université avait des
maîtres célèbres. Chaque collége avait son
homme. L'un disait Coffin; un autre, Grenan;
un autre, Gibert; un autre, tel autre nom. Mais
la maison des La Rue, des Sanadon, des Jouvency, n'avait point encore dégénéré. Tournemine, Le Jay, Porée, d'autres noms encore,
balançaient au moins les réputations universi-
taires, même celle de Rollin : entendez celle du
Rollin d'alors, avant le *Traité des Études*.

François-Marie Arouet, à l'âge de dix ans, fut
donc remis aux mains du P. Le Picart, recteur
du collége; et le P. Le Picart lui assigna la
chambrée où il eut depuis pour préfet le P. Thoulier, autrement dit, dans le monde et dans les
lettres, l'abbé d'Olivet.

Ce n'est point par conjecture que je place en 1704 la date de l'entrée de Voltaire à Louis-le-Grand. Voltaire lui-même écrivant, le 9 août ou auguste 1744, au marquis d'Argenson, termine sa lettre par ces mots : « Je vous suis dévoué avec l'attachement le plus tendre et le plus vieux. Il y a, ne vous déplaise, plus de quarante ans. Cela fait frémir. Adieu, monsieur; aimez-moi un peu, je vous supplie; que j'aie cette consolation dans cette courte vie. Il y a quarante ans, ô ciel ! que je vous aime, et je n'ai pas eu l'honneur de vivre avec vous la valeur de quarante jours ! Ah ! ah ! » Le 16 mai 1746, Voltaire dit encore à son ancien condisciple qu'il l'aime depuis quarante ans; mais il revient, le 19 juillet 1748, à la supputation qui donne 1704 comme début de cette amitié : « Laissez-moi toujours, je vous en prie, l'espérance de passer les dernières années de ma vie dans votre société. Il faut finir ses jours comme on les a commencés. Il y a tantôt quarante-cinq ans que je me compte parmi vos attachés : il ne faut pas se séparer pour rien. »

En 1746, le 7 février, Voltaire, courtisan en faveur et académicien nommé, rédigea la fameuse profession de foi connue sous le titre de *Lettre au P. de La Tour*. C'est un magnifique éloge du pape Benoît XIV et des Jésuites, en réponse et aux attaques du gazetier ecclésiastique, qui diffamait le pontife, et à celles des folliculaires de Hollande, qui accusaient Voltaire d'être l'ami des Jésuites, c'est-à-dire, selon eux, de tout ce qu'il y avait de plus impur au monde. Voici une phrase de cette lettre, qui a trait à notre question : « J'ai été élevé pendant sept ans chez des hommes qui se donnent des peines gratuites et infatigables à former l'esprit et les mœurs de la jeunesse. » Un peu plus loin, après avoir payé son tribut de reconnaissance au P. Porée, il dit : « J'ai eu le bonheur d'être formé par plus d'un Jésuite du caractère du P. Porée, et je sais qu'il a des successeurs dignes de lui. Enfin, pendant les sept années que j'ai vécu dans leur maison, qu'ai-je vu chez eux? la vie la plus laborieuse, la plus frugale, la plus réglée, etc. » Or, après 1711, le jeune Arouet n'est plus au collége. En 1712, il compose pour les prix de l'Académie, et il ébauche *OEdipe*. Sept années d'études avant 1712, ce sont des études commencées en 1704.

Il y avait, au collége Louis-le-Grand, cinq
cents élèves internes. Mais tous ces pension-
naires n'étaient pas soumis au même régime.
Le fils d'un duc et pair, si on ne stipulait rien
pour lui, était traité comme un écolier vulgaire,
et étudiait, confondu avec la foule, dans les
vastes salles communes. Mais rien n'empêchait
qu'il fût mis dans des conditions particulières.
Le fils d'un roturier n'était pas exclu du bénéfice de pareils arrangements. Il suffisait que
la famille postulât en temps utile auprès du
R. P. recteur, et qu'elle payât certains supplé-
ments déterminés, en sus de la pension de
400 livres. Ces élèves privilégiés étaient en
chambres. Quelques-uns étaient seuls, avec un
précepteur pour les diriger et un domestique
pour les servir. Il n'y avait pas toujours assez
de chambres pour satisfaire aux demandes des
grands seigneurs ou des hommes opulents qui
tenaient à ce que leurs fils vécussent ainsi à
part; et les places vacantes étaient assurées
longtemps à l'avance. Trente ou quarante chambres étaient occupées de cette sorte. Trente ou
quarante autres chambres contenaient chacune
un petit groupe d'élèves, cinq pour l'ordinaire.

1.

La moitié du pensionnat à peu près se trouvait donc çà et là disséminée en dehors des salles communes. Chaque chambre de cinq élèves, où, si l'on veut, chaque chambrée, avait un préfet. Le préfet était tout à la fois un surveillant et un précepteur. Il ne quittait ses élèves qu'aux classes ou au dortoir, et il leur devait des conseils, des leçons, des répétitions. Une chambrée était une famille. Le préfet n'avait pas trop à craindre pour son autorité en se montrant doux et bénin, et en traitant ses pupilles comme un père traite ses enfants. Un pareil système semblait avoir été inventé tout exprès pour que le jeune Arouet, avec sa santé chétive et son caractère espiègle, pût durer dans le pensionnat et suivre un cours régulier d'études.

Le 2 septembre 1768, Voltaire écrit à d'Alembert : « Est-il vrai que notre doyen d'Olivet a essuyé une apoplexie ? Je m'y intéresse. L'abbé d'Olivet est un bon homme, et je l'ai toujours aimé. D'ailleurs, il a été mon préfet, dans le temps qu'il y avait des Jésuites. Savez-vous que j'ai vu passer le P. Le Tellier et le P. Bourdaloue, moi qui vous parle ? » Il rappelle encore quelque part que d'Olivet a été son préfet au collége,

et que l'abbé se nommait alors le P. Thoulier.
Le mot *préfet* suffit pour constater que le jeune
Arouet, à Louis-le-Grand, était pensionnaire en
chambre. Mais il existe une lettre du ci-devant
P. Thoulier, qui nous montre le préfet et l'élève
dans la chambre scolaire. Cette lettre, récem-
ment publiée, est du 3 janvier 1767, et elle est
adressée à Voltaire même. L'ancien précepteur
avait quatre-vingt-cinq ans; l'ancien pupille
touchait à soixante-treize. « Bon jour et bon an,
mon illustre confrère. N'est-ce pas ainsi que nos
vieux Gaulois s'écrivaient à pareil jour?... et
pourquoi changerions-nous de style?... Nous
avons ici un froid qui me rappelle l'hiver de
1709. Il me rappelle de plus, à moi, une autre
idée. C'est qu'alors nous grelottions au coin d'un
méchant feu. Alors vous étiez mon disciple, et
aujourd'hui je suis le vôtre. Alors je vous aimais.
et vous ne me haïssiez pas... »

Il y a un souvenir de cet hiver de 1709, et
du collège Louis-le-Grand aussi, dans une charmante lettre de Voltaire à la marquise de Flo-
rian (1er mars 1769). Le vieil oncle félicite sa
nièce de ce qu'elle se plaît à la campagne et dé-
teste Paris. Voltaire cherchait par tout moyen à

se persuader à lui-même que Paris lui était in-
différent. Il ne flatte pas le portrait moral de la
grande ville : « Paris a toujours été à peu près
ce qu'il est, le centre du luxe et de la misère ;
c'est un grand jeu de pharaon, où ceux qui
taillent emboursent l'argent des pontes. Mais
vous trouveriez Paris le pays de la félicité, si
vous aviez vu comme moi le temps du *Système*,
où il était défendu, comme un crime d'État, d'a-
voir chez soi pour cinq cents francs d'argent.
Vous n'étiez pas née, lorsqu'on augmenta de
cent francs la pension que l'on payait pour moi
au collége, et que, moyennant cette augmenta-
tion, j'eus du pain bis pendant toute l'année
1709. Les Parisiens sont aujourd'hui des Syba-
rites, et crient qu'ils sont couchés sur des noyaux
de pêches, parce que leur lit de roses n'est pas
assez bien fait. »

Nous avons un peu anticipé sur les années. Il
y a des faits à noter, antérieurs à 1709. Ce P.
Le Tellier, que Voltaire dit avoir vu passer,
non-seulement le jeune Arouet l'avait aperçu
dans les cours du collége, mais il l'avait con-
templé siégeant aux grandes solennités classiques. Il avait même vécu une année entière sous

sa direction. En 1705, le P. Le Tellier succéda
au P. Le Picart comme recteur de Louis-le-
Grand. C'est du collége qu'il partit pour devenir provincial de l'ordre, en attendant que la
mort du P. de La Chaise lui livrât le gouver-
nement du vieux roi et de la France. Et puisqu'il s'agit d'un homme qui a été recteur du
collége, citons pour mémoire les noms obscurs
des deux autres chefs de maison sous lesquels
le jeune Arouet acheva ses classes, le P. Forcct
et le P. Dauchez.

Ce n'est pas au collége que Voltaire enfant
avait pu voir passer le P. Bourdaloue. Le P.
Bourdaloue mourut au printemps de 1704 ; et
ce n'est qu'à l'automne de 1704, au moins selon toute vraisemblance, que M. Arouet amena
son fils au P. Le Picart.

Le démon de la poésie n'avait pas même at-
tendu jusqu'à 1709, pour mettre sa griffe sur
l'écolier.

Dès avant l'âge de douze ans, le jeune
Arouet faisait des vers, non pas de bons vers,
mais des vers qui annonçaient d'heureuses dis-
positions poétiques. Ce n'est pas sans une certaine satisfaction d'amour-propre paternel que

Voltaire, soixante-dix ans plus tard, mention-
nait ces premiers essais de sa muse. Il en a
même inséré un spécimen, avec notables cor-
rections il est vrai, dans le *Commentaire historique.*

C'est le placet pour un soldat invalide. Ce
soldat avait servi dans le régiment Dauphin,
sous Monseigneur, fils unique du Roi. Il voulait
se recommander, pour le premier jour de l'an
1706, à la libéralité de son ancien chef. Il
imagina d'aller rue Saint-Jacques, et de prier
un des régents du collége de lui composer une
petite pièce de vers à l'adresse du prince. Le
régent n'avait pas le temps; peut-être ne se
souciait-il point de la besogne; il se déchargea
sur le jeune Arouet. Le soldat eut bientôt, s'il
faut en croire Voltaire, les vers que voici :

> Digne fils du plus grand des rois,
> Son amour et notre espérance,
> Vous qui, sans régner sur la France,
> Régnez sur le cœur des François;
> Souffrez-vous que ma vieille veine,
> Par un effort ambitieux,
> Ose vous donner une étrenne,
> Vous qui n'en recevez que de la main des dieux ?
> On a dit qu'à votre naissance
> Mars vous donna la vaillance,

Minerve la sagesse, Apollon la beauté ;
Mais un Dieu bienfaisant, que j'implore en mes peines,
 Voulut aussi me donner mes étrennes,
 En vous donnant la libéralité.

Cela n'est pas parfait, et la version première
laisse encore davantage à désirer pour le style ;
mais la tournure du compliment ne manque pas
de délicatesse. Le secrétaire du pauvre invalide
eût pu s'en tirer plus mal. Ce n'est pas Voltaire
encore ; c'est déjà un esprit qui dit gracieuse-
ment des choses aimables. « Cette bagatelle
d'un jeune écolier, ajoute Voltaire après la citation, valut quelques louis à l'invalide, et fit
quelque bruit à Versailles et à Paris. »

M. Arouet eût pu craindre que ce succès
précoce ne jetât son fils dans la métromanie.
Mais un père est toujours père. Le vieux magistrat ne gronda guère, s'il gronda, de ce qu'on
eût distrait un moment l'écolier de son rudi-
ment et de ses thèmes. Il laissa même vanter,
dans sa propre maison, les vers de son fils. Il
se disait sans doute que ce n'était qu'un exercice de collége, et qui ne tirait point à conséquence. Il se souvenait peut-être d'avoir rimé
aussi dans les classes ; ce qui ne l'avait point em-

pêché de devenir un bon notaire et un bon trésorier. Il pardonnait assurément au poëte en
faveur de l'intention, et sauf à lui prêcher des
travaux plus essentiels et plus fructueux. Mais
l'abbé de Châteauneuf, le parrain de l'écolier,
était ravi de son filleul. Il ne se borna point à
le vanter dans la famille ; il colporta partout son
éloge, et jusque chez l'antique Ninon. Mademoiselle de Lenclos voulut voir l'auteur du placet au Dauphin, un poëte qui jouait encore aux
billes et à la toupie.

L'abbé de Châteauneuf passait pour avoir été
le dernier amant de Ninon ; mais cette gloire lui
était disputée par l'abbé Gédoyn. Du moins
Ninon, jusqu'à son dernier jour, eut dans l'abbé
de Châteauneuf un ami tout à fait dévoué. Le
seul écrit où nous puissions aujourd'hui nous
faire quelque idée de l'esprit et des talents du
parrain de Voltaire, n'est lui-même qu'un panégyrique de mademoiselle de Lenclos. Le titre,
Dialogue sur la Musique des Anciens, est tout ce
qu'il y a de plus fallacieux. Il ne s'agit, pour
l'auteur, que de Ninon et des adorateurs de Ninon. Voltaire, dans la préface d'une de ses comédies, appelle le *Dialogue* de l'abbé de Châ-

teauneuf un ouvrage savant et agréable. Soyez
sûr pourtant que ce n'est pas là qu'il faut s'a-
dresser, si l'on veut s'initier aux mystères de
l'art des Phrynis et des Timothée. Ce n'est pas
là que M. Vincent a trouvé la solution des pro-
blèmes musicaux que soulèvent les textes d'A-
ristote, de Plutarque, de saint Augustin. Quant
à l'agrément, c'est celui d'un chapitre de *Cyrus*
ou de *Clélie*, la peinture d'un monde qui, à tort
ou à raison, nous intéresse encore. Le portrait
de Ninon n'y est pas en laid, bien au contraire.
Léontium, c'est-à-dire mademoiselle de Lenclos,
ce sont toutes les grâces, mais c'est aussi le
parfait bon sens, le goût exquis, la sensibilité la
plus vive. L'écrivain est particulièrement heureux dans tout ce qui a trait à son amie. Voyez,
par exemple, la scène qui donne occasion au
dialogue. Léontium écoute un joueur d'instru-
ment; elle s'anime de tous les mouvements, de
toutes les passions qu'exprime le musicien ; on
lit ses pensées, ses émotions, sur son visage et
dans ses yeux. « Car elle trouvait, dit l'abbé de
Châteauneuf, de l'expression où nous ne trou-
vons que de l'harmonie, et l'on eût dit que chaque son était pour elle un sentiment. »

Vous me représenterez peut-être que ce n'est pas étourdissante merveille que la fille de Lenclos le joueur de luth, élevée par son père pour servir aux plaisirs du cardinal de Richelieu, se connût en musique, et eût l'oreille délicate, la fibre tressaillante. Vous me rappelez au jeune Arouet, et j'y reviens. Je me soucie aussi peu que vous et de l'idole du païen Châteauneuf, et du peintre de Léontium, et même du vainqueur fortuné de la septuagénaire Ninon. Mes sympathies n'ont jamais été bien vives ni pour les beaux-esprits galants, abbés ou non, ni même pour les belles pécheresses, fussent-elles du grand siècle, et eussent-elles fait traîner leur char, comme Ninon, par trois générations de personnages illustres.

Voltaire raconte lui-même, dans ses *Mélanges littéraires*, sa visite à Ninon : « L'abbé de Châteauneuf me mena chez elle dans ma plus tendre jeunesse. J'étais âgé d'environ treize ans. J'avais fait quelques vers qui ne valaient rien, mais qui paraissaient fort bons pour mon âge. » Nous savons, par le *Commentaire historique*, que les vers qui avaient excité la curiosité de Ninon étaient le placet du soldat invalide. Ce placet avait été écrit pour les étrennes de 1706, deux mois avant que l'écolier eût douze ans. Voltaire était donc plus jeune encore qu'il ne dit, quand il vit la fameuse vieille. Elle lui fit compliment de son talent poétique. « Elle m'exhorta à faire des vers ; elle aurait dû plutôt m'exhorter à n'en pas faire. » Voltaire nous montre ailleurs Ninon telle qu'il l'a vue : une momie affreusement ridée, n'ayant sur les os qu'une peau jaune, tirant au noir. Elle avait alors quatre-vingt-cinq ans. « Il lui plut, dit Voltaire, de me mettre dans son testament ; elle me légua deux mille francs pour acheter des livres. Sa mort suivit de près ma visite et son testament. »

J'ai vu jadis un ancien tableau de je ne sais quel maître, où l'image de Ninon était reproduite six ou sept fois. Il y avait la Ninon de vingt ans, puis celle de trente, puis celle de quarante, et ainsi de suite, jusqu'à la Ninon octogénaire. Même en celle-ci, on admirait encore des traits majestueux, des restes frappants d'une incomparable beauté. Mais j'ai bien peur que le peintre n'ait pas eu son sujet de quatre-vingts ans sous les yeux. Il nous a donné une octogénaire de fantaisie. En tout cas, le dernier

portrait de sa série ne diffère pas médiocrement
de la figure dessinée par le légataire de Ninon.

Il y a aujourd'hui, dans certains colléges li-
bres, ce qu'on nomme des Académies. Des
élèves de classes diverses se réunissent à jours
et heures fixes, et font œuvre, sous la présidence
de quelque professeur, non plus d'écoliers, mais
de savants, de juges littéraires. On lit des pièces
de toute sorte, prose, vers, du français, du latin,
du grec même. On discute de tout et d'autre
chose. On propose des questions; on décerne
des prix. Ces Académies sont une invention des
Jésuites. La *Ratio Studiorum* de saint Ignace
prescrit l'établissement d'Académies dans tous
les colléges de la Société. Le P. Jouvency a
consacré tout un article de son traité pédagogique au détail de l'organisation et de la tenue
des Académies. Il y avait donc une Académie
au collége Louis-le-Grand. Le jeune Arouet fut,
dans ses dernières années de collége, un académicien des plus brillants et des plus applaudis.

Les académiciens, en vertu de leur titre,
avaient le droit de raisonner. C'est dire qu'ils
déraisonnaient quelquefois. Que le jeune Arouet
se soit laissé aller à la pente, je ne m'en étonne

guère. Je m'étonne encore moins que le filleul de l'abbé de Châteauneuf ait proféré un certain jour quelque propos impie. Ce n'est pas que j'ajoute foi à tout ce que l'on conte des soins pris par le parrain pour faire, dès le maillot, un mécréant de celui qu'il était censé avoir fait chrétien. Mais les leçons de l'étrange abbé devaient avoir des échos malsonnants dans le collége. Le jeune académicien s'observait d'ordinaire; mais il lui arriva aussi de s'émanciper. Le P. Le Jay présidait la séance. Il ne retint pas son indignation : « Malheureux enfant ! vous serez le coryphée du déisme ! » On dit même qu'il saisit au collet le téméraire académicien, et le rudoya avec violence. Le P. Le Jay était un des deux professeurs de rhétorique. Tous les biographes de Voltaire mettent la scène dans la classe du P. Le Jay. La tradition du collége, d'après M. Émond, dit que le P. Le Jay sévissait ce jour-là comme président de débats académiques. Il n'est pas même sûr que le jeune Arouet fût déjà rhétoricien.

·La fin de l'année scolaire 1709-1710 fut marquée pour l'écolier par les plus triomphants succès. En ce temps-là J.-B. Rousseau était à

l'apogée de sa gloire, et passait pour le premier
des poëtes vivants. Il était fort lié avec les Jésuites, avec le vieux P. Tarteron entre autres,
et il connaissait M. Arouet. Il assista à la distribution des prix. Le nom de François-Marie
Arouet le frappa. Il s'enquit si le jeune adoles-
cent, qui ployait sous le poids des livres et des
couronnes, ne serait pas le fils de M. le trésorier
de la Chambre des Comptes. Le P. Tarteron
répondit affirmativement, et ajouta que le jeune
Arouet avait depuis des années une merveilleuse
disposition pour la poésie. Puis le bonhomme
alla prendre le lauréat par la main, et le pré-
senta à Rousseau. On dit que Rousseau em-
brassa le jeune Arouet sur les deux joues, le
félicita vivement, et lui pronostiqua de brillantes
destinées littéraires. A en croire quelques-uns,
l'écolier, en approchant du poëte, avait été saisi
d'un transport d'enthousiasme, et s'était spontanément jeté à son cou.

Ce n'est point ainsi que Rousseau et Voltaire
content leur première entrevue. Rousseau dit
seulement que, des dames de sa connaissance
l'ayant mené un jour au collége Louis-le-Grand,
il avait été curieux de voir le fils de M. Arouet,

dont on vantait les talents précoces. Il ajoute
que la physionomie de ce jeune homme lui déplut. Voltaire ne nie point que Rousseau ait
pris la peine de le venir voir au collége ; mais
il reproche à Rousseau de n'avoir pas tout dit :
« Il aurait dû ajouter qu'il me fit cette visite
parce que son père avait chaussé le mien pendant vingt ans, et que mon père avait pris soin
de le placer chez un procureur, où il eût été à
souhaiter pour lui qu'il eût demeuré, mais dont
il fut chassé pour avoir désavoué sa naissance.
Il pouvait ajouter encore que mon père, tous
mes parents, et tous ceux sous qui j'étudiais,
me défendirent de le voir ; et que telle était sa
réputation, que, quand un écolier faisait une
faute d'un certain genre, on lui disait : Vous
serez un vrai Rousseau. » Quant à ce que Rousseau affirmait, au bout de vingt-cinq ans il est
vrai, de l'impression désagréable que lui avait
faite le collégien : « Je ne sais pourquoi il dit
que ma physionomie lui déplut ; c'est apparemment parce que j'ai des cheveux bruns, et que
je n'ai pas la bouche de travers. » Ces améni-
tés sont ce qu'il y a de plus doux dans la lettre
écrite de Cirey, en 1736, aux auteurs de la *Biblio-*

thèque française. Voltaire était possédé, en ce temps-là, d'une haine à mort contre Rousseau. Il venait de réduire à la mendicité un vieillard exilé et malheureux, en lui faisant retirer, par ses intrigues, l'appui et les secours du prince Eugène : sa plume achevait l'œuvre par la calomnie et l'injure.

C'est à la suite de ses triomphes d'août 1710 que le jeune Arouet, à seize ans et demi, passa dans la classe du P. Le Jay et du P. Porée. Le P. Le Jay faisait le latin, comme on dit en style de collége, et le P. Porée faisait le français. C'est une chose remarquable que Voltaire, qui a tant célébré et surfait le P. Porée, ne nomme pas une seule fois le P. Le Jay. Il gardait évidemment rancune au président de l'Académie scolaire. N'allez pas vous figurer pourtant le rhétoricien en hostilité perpétuelle contre son professeur de latin. Il fit tout ce qu'il put pour conquérir la bienveillance du P. Le Jay. Il paraphrasa en vers français l'ode latine que le P. Le Jay avait composée en l'honneur de sainte Geneviève, pour implorer la pitié de la patronne de Paris, dans ces désastreuses années. Si cet ouvrage fut lu dans l'Académie, et si le

P. Le Jay présidait la séance, le succès fut un peu différent sans doute de celui du jour de l'apostrophe.

L'imitation française de l'ode du P. Le Jay a été imprimée en 1759, avec cette suscription : *Par François Arouet, étudiant en rhétorique et pensionnaire au collége de Louis-le-Grand.* Voltaire désavoua cette production de sa première jeunesse. A propos d'un changement dans le début de *la Pucelle :*

Je ne suis né pour célébrer les saints,

au lieu de :

Vous m'ordonnez de célébrer les saints,

Voltaire dit que le poëte « donne en cela un démenti aux éditeurs qui, dans une de leurs éditions de ses œuvres, lui ont attribué une ode à sainte Geneviève, dont assurément il n'est pas l'auteur. » Les éditeurs de Kehl ont fait semblant d'accepter ce désaveu. La pièce, quoique parfaitement authentique, n'est point dans leur collection. Ce n'est pas qu'elle vaille beaucoup moins qu'aucune des vingt odes qu'ils ont imprimées. Il y a un certain éclat, de la chaleur, presque du sentiment. Faisons honneur du fond à la piété du P. Le Jay ; mais ce n'est pas tout à fait rien d'avoir su rendre et même embellir les pensées et les émotions du poëte original.

Voici la dernière strophe de l'ode ; Voltaire, poëte lyrique, en a laissé courir sous son nom de plus mauvaises :

> Je vois en des villes brûlées
> Régner la mort et la terreur ;
> Je vois des plaines désolées
> Aux vainqueurs même faire horreur.
> Vous qui pouvez finir nos peines
> Et calmer de funestes haines,
> Rendez-nous une aimable paix !
> Que Bellone, de fers chargée,
> Dans les enfers soit replongée,
> Sans espoir d'en sortir jamais.

Le P. Le Jay était un homme consciencieux et estimable ; mais je doute qu'il fît beaucoup de frais pour charmer ses disciples. En revanche, le P. Porée était le plus sympathique des hommes. « Rien n'effacera dans mon cœur, écrivait Voltaire plus de trente ans après, la mémoire du P. Porée, qui est également chère à tous ceux qui ont étudié sous lui. Jamais homme ne rendit l'étude et la vertu plus aimables. Les heures de ses leçons étaient pour nous des heures délicieuses ; et j'aurais voulu qu'il eût été établi dans Paris, comme dans Athènes, qu'on pût assister à tout âge à de telles leçons : je serais revenu souvent les entendre. » Il ne faut pas prendre cet éloge, comme le font quelques-uns, au pied de la lettre. Il est dans cette profession de foi qui devait assurer l'entrée de Voltaire à l'Académie. Ce n'est point à titre d'ami que Voltaire s'adresse au P. de La Tour, recteur du collége Louis-le-Grand ; c'est pour que le P. de La Tour et ses confrères lui soient en aide, et rendent de lui bon témoignage. Rabattez donc quelque chose de ses hyperboles, quand il vante un jésuite défunt à un jésuite vivant et puissant ; mais il restera toujours un P. Porée des plus agréables.

Il y avait bien peu d'écoliers qui restassent au collége après la rhétorique. Presque tous rentraient dans leur famille sans avoir suivi le cours de philosophie. On regardait la philosophie comme une préparation aux études théologiques, et non point comme l'indispensable complément des études littéraires. Ce préjugé était

universel. Nul ne s'étonnait qu'un jeune homme
ignorât l'art de construire ses arguments en
baroco. Celui qui savait le faire, on le traitait de
pédant, s'il n'avait pas le bon goût de dissimu-
ler ses connaissances. L'esprit suffisait à tout.
Le monde n'exigeait que de l'esprit. M. Arouet
fit comme les gens du monde. Il retira son fils
du collége, après que l'écolier des Jésuites eût
passé par la classe du P. Le Jay et du P. Porée.
Mais il n'entendait point que son fils n'apprît
plus rien. Il était décidé à le mettre au droit,
comme il y avait mis jadis l'aîné, et non-seulement au droit spéculatif, mais à la pratique
aussi, chez quelque procureur ou chez quelque
notaire.

On jouait, au collége Louis-le-Grand, des
pièces de théâtre. Ces représentations étaient
même assez fréquentes. Il y avait la *petite Comédie* et la *grande Comédie*. La petite Comédie
était la représentation des pièces comiques; la
grande Comédie, celle des pièces tragiques. Les
pièces comiques étaient assez courtes, et d'ordinaire en prose latine, avec prologue et intermèdes en vers français. Il fallait peu de temps
pour les apprendre et les monter; et on les

. jouait sans trop d'appareil dans une des cours secondaires de la maison, la cour du Mans-Neuf, dont le nom rappelle un des nombreux colléges absorbés par le collége de Clermont durant sa croissance. On donnait la petite Comédie au moins une fois l'an, aux *Ludi priores*, c'est-à-dire dans une fête qui précédait de quelques jours la distribution des prix. La grande Comédie était réservée pour les *Ludi solemnes*, pour la distribution des prix même. Aussi bien s'agissait-il de tragédies latines, et presque toujours en cinq actes. On consacrait des mois entiers à styler les jeunes acteurs, à les mettre en parfaite possession de leurs rôles, à faire les répétitions, à tout préparer pour que la solennité ne trompât point l'attente des spectateurs. L'estrade du théâtre était dressée au fond de la grande cour, en face de la porte d'entrée. Une tente immense, décorée de tapisseries, d'écussons, d'emblèmes, de devises, abritait le public invité. Toutes les familles étaient conviées. Des places d'honneur étaient réservées pour les dignitaires de la Compagnie de Jésus, pour les membres du haut clergé, pour les personnages de la Cour. Le spectacle servait de prélude à la distribution des récompenses. Les écoliers qu'on avait applaudis comme tragédiens, on avait ensuite le plaisir de les applaudir comme lauréats. Car les rôles n'étaient confiés qu'aux écoliers les plus entendus et les mieux disants, qu'aux plus brillants sujets des hautes classes. Voltaire ne dit nulle part comment il se tirait, au collége, de son métier d'acteur, ni s'il réussissait mieux dans la grande ou dans la petite Comédie.

Les représentations dramatiques étaient l'exercice principal, mais non unique, des *Ludi solemnes*. Il y avait aussi les discours de circonstance, la lecture des pièces de poésie composées par les élèves, les plaidoyers pour et contre déclamés par des avocats imberbes, et toutes les récréations littéraires conformes au goût du temps. Il y avait surtout l'explication des Symboles. Voici ce que je sais sur cet exercice. La chapelle du collége était transformée en une espèce de salle de spectacle. Une estrade cachait l'autel. Sur cette estrade étaient exposés des tableaux énigmatiques. Les sphinx de la maison invitaient tout le monde, assistants et écoliers, à deviner leurs énigmes. Mais ils ne dévoraient personne ; ils étaient même les premiers à féliciter les OEdipes. Ceux qui se hasardaient à l'explication devaient parler en latin. C'est dans la chapelle, durant l'exposition des Symboles, que Barbier d'Aucour gagna le sobriquet d'*avocat sacrus.* Les Jésuites ont écrit des traités sur l'art de faire les énigmes en peinture. Cette symbolique a eu ses épigraphistes et ses poëtes. Les œuvres du P. Le Jay contiennent un complet spécimen, théorique et pratique, de cette littérature étrange. Voltaire a aussi négligé de nous dire s'il était, au collége, bon OEdipe ou non.

L'*Ode à sainte Geneviève* n'est pas l'unique monument, avec le placet pour l'invalide, des premières élucubrations poétiques de l'auteur de *la Henriade.* Il y a encore l'ode intitulée *le Vrai Dieu,* celle dont Voltaire a dit, dans le *Commentaire historique :* « Je ne sais quelle ode, qui semble être d'un cocher de Vertamon devenu capucin, » et qu'il attribue au P. Lefèvre, jésuite, dans les notes du *Dialogue de Pégase et du Vieillard.* Elle n'est pas moins authentique que l'*Ode à sainte Geneviève.* Le P. Lefèvre n'a jamais fait que des vers latins. C'est lui qui en a fourni l'original, comme c'est le P. Le

Jay qui a fourni l'original de la prière à la patronne de Paris. La note de 1774 n'est qu'une
équivoque. Mais Voltaire pouvait-il confesser
l'authenticité d'un hymne à la louange du
Dieu fait homme, sauveur et rédempteur des
hommes?

Ces deux pièces édifiantes n'étaient qu'une
très-petite part des essais par lesquels l'écolier
des Jésuites s'était exercé à parler, comme on
disait alors, la langue des dieux. Les amateurs
de curiosités littéraires, dans le dernier siècle,
conservaient des copies d'une foule de morceaux
de divers genres, et surtout de ceux que le jeune
Arouet avait tirés du recueil qui porte le nom
d'Anacréon. Voltaire lui-même n'a pas dédaigné
d'exhumer quelques-unes des petites pièces qu'il
avait imitées de l'*Anthologie*, quand il apprenait tant bien que mal à épeler le grec sur les
bancs. Ainsi ces vers sur Galatée, qu'il appli-
qua ou laissa appliquer à madame de Pom-
padour :

> Si Pygmalion la forma,
> Si le ciel anima son être,
> L'amour fit plus : il l'enflamma ;
> Sans lui, que servirait de naître?

Ainsi cet autre quatrain, si souvent cité depuis :

> Léandre, conduit par l'amour,
> En nageant disait aux orages :
> Laissez-moi gagner les rivages ;
> Ne me noyez qu'à mon retour.

C'étaient deux emprunts faits à l'antiquité. Mais un biographe nous a conservé un quatrain fort différent de ces deux-là, et qui appartient en propre au jeune Arouet. Un jour, le P. Porée s'était laissé surprendre par l'heure, et n'avait plus le temps de dicter une matière de devoir. Il dit aux écoliers : « Faites parler Néron, au moment où il va se tuer lui-même. » Le jeune Arouet fit parler Néron comme il suit :

> De la mort d'une mère exécrable complice,
> Si je meurs de ma main, je l'ai bien mérité ;
> Et, n'ayant jamais fait qu'actes de cruauté,
> J'ai voulu, me tuant, en faire un de justice.

Telle est l'histoire sincère et authentique du séjour de Voltaire au collége des Jésuites. Je n'ai point parlé de la mention qu'on aurait trouvée, selon quelques-uns, dans les registres de la maison : *Puer ingeniosus, sed insignis ne-*

bulo. Le P. Le Jay, dans un jour de colère, a
pu dire ou écrire quelque chose de ce genre.
Enfant d'esprit, mais franc vaurien, n'est
qu'un équivalent scolaire de son apostrophe au
déiste en herbe. Mais ce n'était point là le ton
habituel des notes. Les Jésuites ne gardaient
pas les mauvais sujets incurables. Je doute même
très-fort de la mention des registres. Ceux qui
l'ont imprimée les premiers étaient des ennemis
mortels de Voltaire. Quand ils l'ont imprimée,
les registres du collége, les Jésuites eux-mêmes,
n'existaient plus. En bonne critique, elle est
non avenue et sans valeur aucune, étant la formelle contradiction des faits les mieux établis.
Voltaire, au collége, fut un bon écolier, trop vif
et inconsidéré peut-être, mais de ceux que les
maîtres ne peuvent guère s'empêcher d'aimer.
Ce n'était pas un ange ; mais c'était encore
moins ce démon créé par la haine rétrospec-
tive de Joseph de Maistre, l'inventeur probable
de l'*insignis nebulo*, ou tout au moins le crédule
greffier d'une tradition fausse.

CHAPITRE II

SYSTÈME D'ÉTUDES DES JÉSUITES

Un dialogue de Voltaire. — Le magistrat et son ancien régent. — Reproches du magistrat au maître de sa jeunesse. — Un livre du P. Jouvency. — But de l'éducation classique. — Que Rollin fut un révolutionnaire. — Programme du P. Jouvency. — Démentis formels au programme. — Conclusion.

Il y a, dans le *Dictionnaire philosophique*, un dialogue sur l'éducation, et particulièrement sur l'éducation que les jeunes gens recevaient chez les Jésuites. Voltaire met en présence un conseiller du Parlement, qui vient de contribuer pour sa part à la proscription de la Compagnie de Jésus, et un ex-jésuite qui a été jadis, au collége, le régent du conseiller. Le pauvre prêtre trouve un peu dur de se voir chassé, dans son vieil âge, de la maison qui était comme sa patrie, et où il avait espéré mourir. Il demande pourquoi donc on le chasse, lui qui n'a jamais fait de mal à personne, lui qui ne sait pas même ce qu'on reproche à ses confrères. Il se plaint de l'ingratitude de son ancien disciple ; il énumère au conseiller tous les bienfaits dont il croit l'avoir comblé au collége : « Je vous ai fait lire autrefois Despautère et Cicéron, les vers de Commire et de Virgile, le *Pédagogue chrétien* et Sénèque, les *Psaumes* de David en latin de cuisine, et les odes d'Horace à la brune Lalagé et au blond Ligurinus, *flavam religanti comam*, renouant sa blonde chevelure. En un mot, j'ai fait ce que j'ai pu pour vous bien élever ; et voilà ma récompense (1) ! »

Le conseiller est bon et humain ; tout à l'heure il en donnera la preuve ; mais il se passe, en attendant, le petit plaisir de mortifier la naïveté du vieillard : « Vraiment, vous m'avez donné là une plaisante éducation ! Il est vrai que je m'accommodais fort du blond Ligurinus. Mais, lorsque j'entrai dans le monde, je voulus m'aviser de parler, et on se moqua de moi. J'avais beau citer les odes à Ligurinus et le *Pédagogue chré-*

---

(1) Voltaire, *Dictionnaire philosophique,* article *Éducation.*

tien : je ne savais ni si François 1ᵉʳ avait été fait prisonnier à Pavie, ni où est Pavie ; le pays même où je suis né était ignoré de moi ; je ne connaissais ni les lois principales ni les intérêts de ma patrie ; pas un mot de mathématiques, pas un mot de saine philosophie : je savais du latin et des sottises. » La conversation se poursuit pendant quelque temps sur ce ton ; puis enfin, aux doléances du bonhomme sur la misère où on le réduit, et sur l'impossibilité de vivre honnêtement avec les vingt-deux sous deux deniers par jour, ou seize louis et seize francs, c'est-à-dire quatre cents francs, par an, que lui octroie la pitié du roi, le conseiller répond : « Hé bien ! je vous donne quatre cents autres francs de ma poche. C'est ce que Jean Despautère ne m'avait point enseigné dans mon éducation. »

Cette facétie a été écrite à une époque où les questions relatives à l'instruction publique étaient vivement controversées, et où d'excellents esprits travaillaient à introduire, dans l'ancien système d'études, des réformes plus ou moins indispensables. Voltaire dit à sa manière ce qu'il voudrait voir ajouter aux programmes de l'enseignement.

Nous pourrions trouver aujourd'hui que ses exigences étaient modestes ; mais peu importe :
ce n'est point ici le lieu de discuter sur les matières qui doivent constituer le fond des études
bien entendues. Tout ce que je veux remarquer,
c'est que Voltaire nous a fait, dans le dialogue
même, un bilan parfaitement exact de ce que
l'écolier François-Marie Arouet avait appris au
collége Louis-le-Grand.

Il n'est pas très-difficile de s'assurer que ces
plaisanteries ne sont point calomnieuses. Il
suffit de parcourir avec quelque attention le
livre du P. Jouvency sur la méthode pour
apprendre et pour enseigner. Ce livre ne porte
que le nom de son rédacteur ; mais c'est une
œuvre collective : c'est la charte pédagogique
des Jésuites au dix-huitième siècle ; ou, si l'on
veut, c'est le commentaire officiel de la *Ratio
Studiorum* de saint Ignace, telle que l'avait
interprétée, au commencement du dix-huitième
siècle, la quatorzième Congrégation générale de
la Société. Le jeune Arouet était précisément
dans les classes, au temps même où le P. Jouvency écrivait son ouvrage ; et il y était encore
quand le livre *de Ratione discendi et docendi*

fut mis en vente, au commencement de l'année 1711, sur le quai des Augustins et dans la rue Saint-Jacques.

Le P. Jouvency pose en principe que les études classiques ont pour but de former des poëtes latins et des orateurs latins. Le poëte, selon lui, doit avoir atteint son développement à la fin de la classe de seconde, autrement dite classe d'humanités et classe de poésie. La rhétorique créait et parachevait l'orateur. L'explication des auteurs devait se faire non point en français, mais en latin, hormis dans la classe de sixième, à raison de la faiblesse des enfants. Les mathématiques, les sciences naturelles, l'histoire, la géographie, ne sont pas même mentionnées. Quant aux langues modernes, personne alors n'y songeait. Le conseiller lui-même, dans le dialogue de Voltaire, ne se plaint nullement qu'on ne les lui ait pas enseignées au collége. On apprenait le français par l'usage, et en faisant des versions, des narrations, des pièces de vers. L'enseignement du grec était nul, ou à peu près.

Quelques-uns vont se figurer peut-être que nous regardons comme un grand malheur pour le jeune Arouet d'avoir été élevé chez les Jésuites, et non point dans quelqu'une des maisons de l'illustre Université de Paris. Rien n'est plus loin de notre pensée. Il ne m'en coûte guère de reconnaître que le jeune Arouet eût trouvé, ni plus ni moins, dans l'Université, ce qu'il a trouvé chez les Jésuites. Ce qu'on enseignait à Louis-le-Grand, c'est ce qu'on enseignait au Plessis-Sorbonne, à Dormans-Beauvais, aux Quatre-Nations, dans tous les colléges. L'Université, comme les Jésuites, faisait des poëtes latins et des orateurs latins, et n'avait pas la prétention de faire autre chose. Ajoutons que personne, en ce temps-là, ne songeait à lui faire un crime de son système. Je me trompe : il y avait, en ce temps-là même, un homme, mais un seul, et un homme de l'Université, qui n'était pas satisfait du présent, et qui méditait des réformes considérables. J'ai nommé Rollin. Ceux qui n'ont pas lu le *Traité des Études* ignorent seuls combien Rollin fut un grand réformateur, et, si l'on ose accoler une telle épithète à un tel nom, un grand révolutionnaire. Le *Traité des Études* nous montre l'enseignement de l'Université dans son idéal, ou plutôt dans l'idéal conçu

par Rollin ; mais ce n'est qu'après Rollin et
après le *Traité des Études*, qu'on amena peu à
peu la réalité à ce type admirable, autant du
moins que la réalité peut reproduire les concep-
tions de l'esprit. Rollin a beau se donner simplement pour l'interprète et le panégyriste des
méthodes alors en usage : il en est à chaque
instant le censeur sévère, l'impitoyable pros-
cripteur. La preuve de ceci exigerait quelque
développement ; mais le *Traité des Études* est
entre les mains de tout le monde ; et il suffira,
pour voir que je n'exagère point, de lire ce que
Rollin a écrit sur l'enseignement des trois langues et sur celui de l'histoire. J'affirme donc,
et j'en ai Rollin pour garant, que le jeune
Arouet n'eût rien gagné, ou presque rien, à faire
ses classes dans un collége de l'Université. Au
collége d'Harcourt ou au collége des Grassins,
au collége de La Marche ou au collége de Na-
varre, il n'eût pas plus appris l'histoire ni le
grec qu'au collége des Jésuites. Il eût été occupé, là aussi, à transformer du français en latin,
ou à arrondir des périodes latines, ou à aligner
des dactyles et des spondées, beaucoup plus
qu'à lire et à méditer les chefs-d'œuvre de la

littérature romaine. Il fût sorti de sa rhétorique
avec quelques centaines de vers de Virgile et
d'Horace dans la tête, avec quelques pages de
Cicéron, quelques morceaux d'ici et de là, c'est-
à-dire aussi ignorant que le conseiller du dialogue reproche au vieux Jésuite de l'avoir laissé
lui-même.

J'ai renvoyé au livre du P. Jouvency. Mais ne
vous bornez point à y lire la liste des textes
prescrits pour l'explication dans les classes.
Vous taxeriez de mensonge ou d'erreur ce que
j'ai dit de l'enseignement du grec au collége
Louis-le-Grand. Les élèves des Jésuites, si l'on
en croit ce programme, après avoir balbutié en
sixième sur les *Sentences* de Stobée, s'exerçaient
en cinquième à l'interprétation de quelques-unes
des fables d'Ésope. En quatrième, ils achevaient
de faire connaissance avec Ésope, puis ils prenaient en main Épictète, Cébès et saint Jean
Chrysostome. En troisième, ils expliquaient les
discours d'Isocrate à Nicoclès et à Démonique,
et plusieurs homélies de saint Jean Chrysostome
ou de saint Basile. Dans la classe d'humanités
ou de poésie, les auteurs étaient nombreux et
variés : Isocrate, Lucien (un choix de *Dialo-*

gues des Morts, le Jugement des Voyelles, etc.),
les *Caractères* de Théophraste, les *Hymnes*
d'Homère, la *Batrachomyomachie.* Dans la
classe de rhétorique, c'était toute une bibliothèque : divers opuscules de Lucien, tels que
les Contemplateurs, Timon, le Songe, Toxaris;
puis les *Vies* de Plutarque, puis ses opuscules,
puis Hérodien, puis Homère, puis Sophocle ou
Euripide. Il est par trop évident qu'un jeune
homme, après six ans continus d'étude sur ces
textes, devait être, comme on dit, fort en grec ;
et tout ce que les élèves des Jésuites pouvaient
reprocher à leurs maîtres, c'était un peu de
fantaisie et d'arbitraire dans l'ordre des lectures ; c'était aussi leur silence sur Platon et
Hérodote, sur Xénophon et Thucydide, sur
Eschyle et Pindare ; c'était surtout leur étrange
oubli des Évangélistes et des Apôtres.

Menteur comme un programme, est un proverbe qui ne date pas tout à fait d'hier. Ce qui
est singulier, ce n'est pas le brillant étalage
d'auteurs grecs qui décore les pages du P. Jouvency, ce sont les démentis formels que le
P. Jouvency lui-même donne aux magnifiques
promesses du programme. Lui qui détaille avec

un soin si minutieux la façon dont les professeurs doivent expliquer les auteurs latins dans les diverses classes, il ne dit pas un mot, littéralement pas un, sur l'explication des auteurs grecs. Cette omission est significative. Elle donne l'exacte mesure de l'importance que le P. Jouvency et ses confrères attachaient à l'étude de la langue grecque.

Il est vrai que la première partie de l'ouvrage du P. Jouvency, celle qui a trait aux études des maîtres, contient plusieurs articles, et même d'assez bons articles, sur l'utilité de la langue grecque, sur la méthode à suivre pour bien apprendre le grec, sur les caractères des principaux écrivains de la Grèce. Mais lisez l'article des préceptes. Ce que le P. Jouvency recommande, c'est qu'on apprenne chaque jour par cœur un certain nombre de mots racines, six, dix, ou davantage, ou tout au moins qu'on dresse des listes de pareils mots, à mesure qu'on déchiffre les textes; c'est qu'on se mette ensuite à la grammaire, avec Clénard, Mocquot ou Gretser, pour passer de là à Antésignanus; puis après, on essayera de rendre en latin quelques passages grecs, et de restituer en grec ce qu'on aura

d'abord traduit en latin : en un mot, on fera
des versions et des thèmes. Au bout d'un an
environ, on abordera les poëtes, et particulièrement Homère, et on commencera à se familia-
riser avec les singularités de déclinaison, de
conjugaison, de dialecte et de syntaxe. Le temps
et l'application feront le reste.

Ces prescriptions supposent que ceux à qui
elles s'adressent n'ignorent pas l'alphabet grec,
et qu'ils ne sont point hors d'état d'épeler la
lettre moulée. Et quels sont-ils, ceux à qui s'a-
dressent les prescriptions du P. Jouvency? Sont-
ce des enfants de sixième? Non! ce sont des
hommes, et ces hommes sont des professeurs :
ils ont charge d'intelligences à former; ils enseignent dans les classes, qui la grammaire, qui
les humanités, qui la rhétorique!

Revenons au dialogue de Voltaire. « Je savais
du latin et des sottises. » Cela est bientôt dit.
Mais il y avait ce que le dialogue ne dit point, et
ce qu'il aurait dû dire : c'est que ce latin et ces
prétendues sottises n'étaient qu'une matière, et
que les écoliers faisaient sur cette matière, avec
l'aide de leurs maîtres, un travail immense, et
développaient largement, grâce à ce travail,

3.

leur goût, leur imagination, leur esprit, toutes
les belles facultés. Le savoir était borné, beaucoup trop borné sans doute. Mais enfin on savait
quelque chose; et, ce qui vaut mieux encore, on
avait appris, suivant le terme consacré, l'art de
bien penser et de bien dire. Le jeune Arouet, en
quittant la maison des Jésuites, n'emportait donc
pas uniquement son petit bagage de latin; et les
longues années qu'il y avait passées n'avaient
nullement été des années perdues. Que Voltaire,
un demi-siècle plus tard, ait eu la fantaisie d'en
juger autrement, et de donner à entendre que
ce temps eût pu être plus fructueusement employé, c'était son droit; mais l'équité voulait
qu'il ne condamnât que le système, et il a aussi
condamné ses maîtres.

CHAPITRE III

LA LITTÉRATURE DES JÉSUITES

L'Université et les Jésuites. — Préjugés littéraires des Jésuites. — Le P. Bouhours. — Les Jésuites au *Temple du Goût*. — Variations de Voltaire. — Pascal et Bourdaloue. — Le confesseur de Bertier. — Diatribes de Voltaire. — Les tragédies de collège. — *La Mort de César* au collége d'Harcourt. — Voltaire et les demoiselles de Beaune. — Origines du théâtre scolaire. — Le P. Jourdain. — Sa *Susanna* et le roi Louis XIV. — *Discours* du P. Porée *sur le Théâtre*. — L'impresario des Jésuites. — Conclusion.

Les professeurs de l'ancienne Université n'étaient que des professeurs. Ceux d'entre eux qui avaient du talent pour écrire se contentaient généralement de la prose latine et des vers latins. Rollin fit scandale parmi ses anciens confrères quand il donna en français le *Traité des Études*, connu, par une première ébauche, sous forme latine. Les professeurs du collége Louis-le-Grand étaient des humanistes aussi,

mais non point exclusivement des humanistes.
Ils écrivaient beaucoup en latin, mais en français beaucoup plus encore : livres de piété, livres
de controverse, livres d'éducation, mémoires
d'érudition et de critique, poëmes de tout genre.
Prêtres, prédicateurs, directeurs de conscience,
théologiens, savants, littérateurs, beaux-esprits,
les Jésuites étaient tous plus ou moins auteurs.
Les leçons de ceux qui enseignaient la jeunesse
n'en valaient pas pis. Un homme qui sait par
lui-même ce que c'est que de mettre du noir sur
du blanc est un maître plus sûr et plus efficace.
J'ai souvent entendu affirmer le contraire ; mais
je n'ai pas été convaincu. Ceux qui font fi de
la plume ont leurs raisons. Maître renard avait
les siennes pour dépriser ce qui lui manquait.

Les lettres françaises étaient en honneur au
collége Louis-le-Grand ; mais il y avait un point
faible, et même plus que faible : les Jésuites
étaient des hommes de parti, et leur goût se
sentait de leurs passions. Ils répudiaient de vrais
chefs-d'œuvre ; ils préconisaient des modèles défectueux. Pascal et tout Port-Royal étaient absolument proscrits. Bossuet n'était toléré que
sous bénéfice d'inventaire. Boileau et Racine,

suspects d'hérésie, étaient sacrifiés aux scrupules de l'orthodoxie moliniste. Molière avait fait *Tartufe :* c'est tout dire. En revanche, les écrivains de la Société, prosateurs ou poëtes, étaient lus, admirés, étudiés, appris par cœur. Il y en avait un excellent, mais il n'y en avait qu'un : Bourdaloue, le bon sens même, le style de la raison, la langue française dans toute sa mâle beauté. Mais les autres! Les meilleurs ne valent rien. Ils ont, dit-on, de l'esprit. Oui, certes! ils ont de l'esprit. Ils en ont infiniment trop. Ils ont la rage d'en fourrer partout. Ils n'oublient guère qu'une chose : c'est qu'on ne vit pas uniquement de sel, et que l'esprit, tout l'esprit du monde, ne saurait tenir lieu ni de pensée, ni de sentiment, ni d'onction, ni de rien de ce qui est la vraie pâture de l'intelligence et de l'âme.

Prenons un exemple. Le P. Bouhours balançait de son vivant, et longtemps après sa mort, les plus hautes renommées littéraires. C'est encore un nom célèbre ; c'était jadis le grand homme des *Jésuites*, autant et plus que Bourdaloue même. Mais ses livres sont là.

J'ai appris à lire, comme beaucoup d'autres, dans un livre du P. Bouhours. Ce livre, *Pensées chrétiennes pour tous les Jours du Mois*, est encore dans certaines écoles. Je n'oublierai jamais le frisson qui me saisit au chapitre de l'Enfer, et combien mon âme d'enfant s'était sentie soulagée, quand j'épelai : *Paradis! ô le grand mot!* et la suite. Je viens de relire les *Pensées chrétiennes*. Cet ouvrage m'a semblé grotesque. Des phrases, des phrases, et puis c'est tout; déclamation pure; nulle effusion de cœur, nulle émotion vraie. Étonner et révolter, on dirait que c'est là uniquement ce qu'a voulu l'auteur. Tel est le P. Bouhours écrivain ascétique. Qu'est-ce donc quand rien ne le gêne, quand son sujet lui permet toute licence? Historien, il établira des parallèles en règle entre César et saint Ignace, entre saint François Xavier et Alexandre. Critique, il portera les grâces fardées du langage des précieuses jusque dans la discussion des questions de style, jusque dans l'analyse des difficultés grammaticales. Savant homme, j'y consens; habile homme, soit encore; mais détestable écrivain, et modèle dangereux.

Voltaire, dans le *Siècle de Louis XIV*, vante le P. Bouhours. Il le donne pour un critique de premier ordre, dont les ouvrages serviront éter-

nellement à l'éducation littéraire de la jeunesse.
Ce n'est pas la seule fois que Voltaire a dit des
choses médiocrement sensées. Dieu préserve les
jeunes gens de maîtres tels que le P. Bouhours.
Leur âme se desséchera assez tôt, s'ils vivent.
N'étouffons point en eux l'admiration et l'enthousiasme. J'en crois le *Temple du Goût*, à
propos du P. Bouhours, infiniment plus que le
Siècle de Louis XIV. Bouhours est dans le
temple, je ne l'y aurais point mis; mais enfin,
il y est. Il écoute Pascal et Bourdaloue, qui
s'entretiennent paisiblement ensemble, non de
la grâce efficace, mais du grand art, où ils ont
excellé l'un et l'autre, de joindre l'éloquence au
raisonnement. Que fait l'auditeur, à si noble
fête? Il note sur des tablettes toutes les fautes
de langage, toutes les négligences de style, qui
échappent aux deux sublimes interlocuteurs.
Aussi le cardinal de Polignac ne peut-il se tenir,
malgré son exquise politesse, d'adresser une
petite leçon à l'intempestif aristarque :

> Quittez d'un censeur pointilleux
> La pédantesque diligence;
> Aimons jusqu'aux défauts heureux
> De leur mâle et libre éloquence.

J'aime mieux errer avec eux
Que d'aller, censeur scrupuleux,
Peser des mots dans ma balance.

Ces vers pourraient être meilleurs. On ne serait
pas fâché qu'ils fussent un peu dignes de Pascal
et de Bourdaloue. Du moins le cardinal n'a pas
tort. J'imagine que, si le lieu n'était sacré, il
parlerait plus énergiquement encore, et dirait
au P. Bouhours tout son fait.

Voltaire varie, comme on voit, sur Bouhours.
Il varie bien plus encore sur les confrères de
Bouhours. Il va jusqu'à la contradiction formelle,
lorsqu'il s'agit en général des écrivains jésuites.
Il leur est d'abord tout favorable. Voici ce qu'on
lisait, dans les premières éditions du *Temple
du Goût :* « Je courus ensuite vers la Le Cou-
vreur, et mes conducteurs s'amusèrent à parler
de littérature avec quelques Jésuites qu'ils ren-
contrèrent. Un Janséniste dira que les Jésuites se
fourrent partout ; mais la vérité est que, de tous
les religieux, les Jésuites sont ceux qui entendent
le mieux les belles-lettres, et qu'ils ont toujours
réussi dans l'éloquence et dans la poésie. Le
dieu voit de très-bon œil beaucoup de ces pères,
mais à condition qu'ils ne diront plus tant de

mal de Despréaux, et qu'ils avoueront que les *Lettres provinciales* sont la plus ingénieuse aussi bien que la plus cruelle, et en quelques endroits la plus injuste satire qu'on ait jamais faite. » Le texte définitif porte seulement : « Parmi ces gens d'esprit nous trouvâmes quelques Jésuites. Un Janséniste dira que les Jésuites se fourrent partout ; mais le Dieu du Goût reçoit aussi leurs ennemis, et il est assez plaisant de voir dans le temple Bourdaloue qui s'entretient avec Pascal. » Puis le passage relatif au P. Bouhours.

Ce qui n'est guère moins plaisant, c'est de voir jusqu'où Voltaire a porté un jour la condescendance aux préjugés des *Jésuites*. « Qu'on mette en parallèle, écrit-il au P. de La Tour, les *Lettres provinciales* et les *Sermons* du P. Bourdaloue ; on apprendra, dans les premières, l'art de la raillerie, celui de présenter des choses indifférentes sous des faces criminelles, celui d'insulter avec éloquence : on apprendra, avec le P. Bourdaloue, à être sévère à soi-même, et indulgent pour les autres. Je demande alors de quel côté est la vraie morale, et lequel de ces deux livres est utile aux hommes. »

Je ne cherche pas si Voltaire avait intérêt à

parler ainsi. Ce ne serait pas faire son éloge que
de l'excuser sur le besoin qu'il avait, en 1746,
de l'appui des *Jésuites*. Mais, s'il était sincère
alors, il changea bien depuis. Comparez avec la
Lettre au P. de La Tour, avec les compliments
adressés aux Jésuites dans le *Temple du Goût*,
même ceux de la dernière rédaction, la page
fameuse où l'on remémore à frère Bertier mou-
rant tout le passé littéraire de sa Compagnie :
« N'avez-vous point lu souvent de mauvais
livres ? dit le confessant. Qu'entendez-vous par
mauvais livres ? dit le confessé. Je n'entends
pas, dit le confessant, les livres simplement
ennuyeux, comme l'*Histoire romaine* des frères
Catrou et Rouillé, et vos tragédies de collége,
et vos livres intitulés *des Belles-Lettres*, et la
Louisiade de votre Lemoyne, et les vers de votre
du Cerceau sur la ravigote, et ses nobles stances
sur le messager du Mans, et le remercîment au
duc du Maine pour des pâtés, et votre *Pensez-y
bien*, et toutes les finesses du bel-esprit monacal :
j'entends les imaginations de frère Bougeant,
condamnées par le Parlement et par l'archevêque
de Paris ; j'entends les gentillesses de frère
Berruyer, qui a changé l'Ancien et le Nouveau

Testament en un roman de ruelle dans le goût de *Clélie*, si justement flétri à Rome et en France ;... j'entends enfin cette foule innombrable de vos casuistes, que l'éloquent Pascal a trop épargnés, et surtout votre Sanchez... Pour peu que vous ayez fait de telles lectures, vous êtes en grand danger de votre salut. »

Nous voici à mille lieues des cajoleries de 1746 et des années précédentes. Il est vrai que nous sommes en 1759. Les Jésuites ne sont plus en faveur ; tout au contraire ! On peut leur dire impunément ce qu'on pense d'eux et de leurs ouvrages. Il ne s'agit plus, tant s'en faut, d'immoler à leurs rancunes Pascal et les *Provinciales*.

On alléguera peut-être que la *Relation* n'est qu'une pièce du recueil des *Facéties*, et que c'est un prêtre janséniste qui débite la diatribe contre la littérature des Jésuites. Mais Voltaire a maintes fois exprimé, dans sa vieillesse, pour son propre compte et en son propre nom, les mêmes idées, ou tout au moins des sentiments analogues. Lisez, dans le *Dictionnaire philosophique*, l'article *Jésuites ou Orgueil*, et notamment ces phrases : « C'était une chose incroyable

que leur mépris pour toutes les Universités dont
ils n'étaient pas, pour tous les livres qu'ils
n'avaient pas faits, pour tout ecclésiastique qui
n'était pas un *homme de qualité* ; c'est de quoi
j'ai été témoin cent fois... Depuis leur P. Ga-
rasse, presque tous leurs livres polémiques respi-
rèrent une hauteur indécente, qui souleva toute
l'Europe. Cette hauteur tomba souvent dans la
bassesse du plus énorme ridicule ; de sorte qu'ils
trouvèrent le secret d'être à la fois l'objet de
l'envie et du mépris... Ils polirent depuis leur
style ; mais l'orgueil, pour être moins grossier,
n'en fut que plus révoltant. » Lisez une lettre à
Damilaville, du 11 décembre 1767, au sujet du
Dictionnaire anti-philosophique, qu'on attribuait
à trois Jésuites, Patouillet, Nonotte et Cérutti ;
et vous verrez ce qu'étaient devenues l'admiration et l'affection de Voltaire pour les maîtres de
sa jeunesse : « Par quelle fatalité déplorable
faut-il que les ennemis du genre humain, chassés
de trois royaumes, et en horreur à la terre entière, soient unis entre eux pour faire le mal ;
tandis que les sages qui pourraient faire le bien
sont séparés, divisés, et peut-être, hélas ! ne
connaissent pas l'amitié ? » Toute la lettre est

dans ce ton. Je crois superflu d'administrer les autres preuves. Voltaire était donc en parfaite communauté de sentiments avec le confesseur de Bertier, quant aux Jésuites et à tout ce qui était l'œuvre des Jésuites.

Le prêtre janséniste fait un cas plus que médiocre des productions dramatiques des confrères de Bertier. Mais son jugement n'est pas même sévère. Les tragédies de collége, comme il les appelle, sont incontestablement du genre ennuyeux, c'est-à-dire du seul genre qui n'est pas bon. Cependant je dois remarquer que ce que blâmait Voltaire, c'était seulement la poésie des Jésuites. Les Jansénistes reprochaient comme un crime aux Jésuites de dresser des théâtres dans leurs colléges, et d'y faire monter leurs écoliers. Voltaire approuvait qu'on exerçât les enfants à jouer la tragédie et la comédie. Il sut gré toute sa vie aux Jésuites de l'avoir initié à la connaissance de la scène, et de lui avoir enseigné les rudiments de cet art de la déclamation où il se piquait d'être passé maître. Je le dis par conjecture ; mais il y a des faits qui autorisent l'induction.

Quand mademoiselle Clairon eut quitté le

théâtre, parce que l'Église refusait de l'admettre aux sacrements, elle écrivit à Voltaire pour lui demander ce qu'il pensait de la proscription religieuse des comédiens. Voltaire, dans sa réponse, rappelle que c'est à Léon X que la scène dut sa renaissance, et que les premières comédies modernes eurent des prélats pour auteurs : Bibbiena, La Casa, Trissino. Il montre le cardinal de Richelieu construisant la salle du Palais-Royal, pour y donner ses propres pièces et celles de ses cinq garçons poëtes ; et deux évêques faisant, par ordre de Richelieu, les honneurs de la salle, et présentant, durant les entr'actes, des rafraîchissements aux dames. Puis il ajoute : « Nous devons l'Opéra au cardinal Mazarin ; mais voyez comme tout change : les cardinaux Dubois et Fleury, tous deux premiers ministres, ne nous ont pas valu seulement une farce de la foire. Nous sommes devenus plus réguliers ; nos mœurs sont sans doute plus sévères. On a soupçonné les Jansénistes d'avoir armé le bras de l'Église contre les spectacles, pour se donner le plaisir de tomber sur les Jésuites, qui faisaient jouer des tragédies et des comédies par leurs écoliers, et qui mettaient ces exercices parmi les premiers devoirs d'une bonne éducation. On prétend que les Jésuites intimidés cessèrent leurs spectacles quelque temps avant que leur Société fût abolie en France. »

Notez que Voltaire écrivait ceci en 1765, au temps même où il exhalait à tout propos, et hors de propos, sa haine et ses calomnies contre les Jésuites. Vingt ou trente ans plus tôt, il eût fait un panégyrique en règle. Les spectacles de collége eussent pris, sous sa plume, les proportions d'une école de bienséance et de haute morale. J'en ai pour garant et ses doctrines littéraires, et la lettre par laquelle il offre à M. Asselin, pour les élèves du collége d'Harcourt, une de ses propres tragédies, *la Mort de César*, encore inédite. La lettre à ce proviseur est du mois de mai 1735. « En me parlant de tragédie, monsieur, vous réveillez en moi une idée, que j'ai depuis longtemps, de vous présenter *la Mort de César*, pièce de ma façon, toute propre pour un collége, où l'on n'admet point de femmes sur le théâtre. La pièce n'a que trois actes ; mais c'est de tous mes ouvrages celui dont j'ai le plus soigné la versification. Je m'y suis proposé pour modèle votre illustre com-

patriote (M. Asselin était Normand); et j'ai fait
ce que j'ai pu pour imiter de loin

> la main qui crayonna
> L'âme du grand Pompée et l'esprit de Cinna.

Il est vrai que c'est un peu la grenouille qui
s'enfle pour être aussi grosse que le bœuf; mais
enfin je vous offre ce que j'ai. Il y a une dernière scène à refaire; et, sans cela, il y a longtemps que je vous aurais fait la proposition. »

La Mort de César fut jouée en effet au collége
d'Harcourt. Ce n'est qu'au bout de longues
années que Voltaire la hasarda sur la scène de
la Comédie-Française. Encore n'y réussit-elle
guère, même après que *Mérope* eut prouvé que
l'amour n'était pas un élément indispensable
dans la tragédie. En revanche, les colléges et
les pensionnats la jouèrent à l'envi. Elle devint
la tragédie de collége par excellence. Voltaire
savoura, non sans quelque douceur, ces petits
triomphes à la guise de ceux des Porée et des
du Cerceau.

On joua *la Mort de César* jusque dans les
couvents de demoiselles. En 1747, les pension-
naires d'un couvent de Beaune voulaient la re-

présenter le jour de la fête de leur supérieure. Elles écrivirent à Voltaire pour lui demander un prologue. Le premier mouvement de Voltaire fut de froisser la lettre et de la déchirer. « Comment ! s'écria-t-il, c'est bien à des filles de représenter une conjuration de fiers républicains ! » Après réflexion, il se calma, et dit : « Ce sont pourtant de bonnes filles ! Elles ne sont pas trop raisonnables de vouloir un prologue pour cette tragédie ; mais je le suis encore moins de me fâcher pour un prologue. » Et il composa à leur intention une petite pièce de vers, tournée en compliment à madame la supérieure. Ce prologue, imprimé pour la première fois en 1803 par Suard, dans *le Publiciste*, a été recueilli depuis par les éditeurs de Voltaire.

L'usage des représentations dramatiques dans les collèges date de la renaissance même du théâtre en France. Le premier essai de tragédie régulière, la *Cléopâtre* de Jodelle, et le premier essai de comédie sérieuse, *la Rencontre*, par le même auteur, furent jouées au collège de Boncour en 1552, peu de temps après l'avoir été à l'hôtel de Reims, devant le roi Henri II. Toutes les fenêtres de Boncour étaient *tapissées*,

4

selon l'expression d'un témoin oculaire, *d'une
infinité de personnages d'honneur ;* et la cour
était si pleine d'écoliers, que les portes du collége
en regorgeaient. Le même témoin, Étienne
Pasquier, nous apprend que les acteurs, ou,
comme il dit, *les entreparleurs,* n'étaient pas
des écoliers, mais bien *tous hommes de renom,*
et que Remy Belleau et Jean de La Péruse
jouaient les principaux rôles. L'Université per-
mit que de pareilles fêtes eussent lieu ailleurs,
et autorisa les écoliers à y prendre part comme
acteurs même.

Les Jésuites, à peine nés, imitèrent la pratique de l'Université, et montèrent des théâtres.
Mais ils furent possédés bien vite d'une ambition que l'Université n'eut jamais. Ils s'éri-
gèrent en poëtes dramatiques. Dans les colléges
de l'Université, on se contentait de pièces toutes
faites. On empruntait à Plaute, à Térence, à
Senèque ; on traduisait du Sophocle, de l'Euripide, de l'Aristophane ; on prenait quelque tragédie ou comédie française, sauf à expurger, à
rogner, à arranger l'œuvre, à la réduire aux
proportions et aux convenances d'une scène scolaire. Les Jésuites représentaient des tragédies

et des comédies de leur cru. Bien avant les
poëtes que nous connaissons, bien avant les La
Rue, les Le Jay, les Porée, ils avaient leurs auteurs dramatiques, et ils se suffisaient à eux-
mêmes. Leur P. Jourdain, par exemple, vers
le temps de *Polyeucte*, passait pour un grand
poëte tragique. On parlait de ses chefs-d'œuvre
à la ville et à la Cour même. Sa tragédie latine
intitulée *Susanna*, en 1650, fit un bruit extraordinaire. Louis XIV la voulut voir. Il vint de sa
personne à la représentation. Il avait douze ans,
et il savait le latin comme il le sut depuis. La
pièce est exécrable, sans action, sans intérêt,
sans vraisemblance; je ne parle pas du style,
qui est ridicule, mais qui n'importait guère à
l'auguste spectateur. Le jeune roi s'en retourna
enchanté. C'est de cette visite au collége de
Clermont que date la merveilleuse affection de
Louis XIV pour les Jésuites. On sait que cette
visite ne fut pas la dernière. Les RR. PP.
eurent l'honneur de recevoir le monarque dans
leur collége quand Louis XIV était devenu non
pas seulement un homme, mais un dieu. C'est
pour consacrer à jamais le souvenir d'un événement si mémorable qu'il changèrent le nom de

la maison. Le collége de Clermont s'appela, depuis lors, collége de Louis-le-Grand, ou, comme on disait aussi, collége royal de Louis-le-Grand.

Il y a dans les ouvrages du P. Porée un discours qu'on cite habituellement sous ce titre : *de Theatro Oratio*. Cette harangue fut solennellement débitée au collége le 13 mars 1733. Le P. Porée est censé traiter la question, si le théâtre peut être une bonne école de morale. Le morceau est long, trop long, souvent ennuyeux; et le sujet y est à peine effleuré. L'orateur semble presque uniquement occupé à faire des fioritures de style. Vous apprenez, par exemple, que la poésie dramatique a été florissante chez les Athéniens, mais qu'Aristophane abusait de son talent jusqu'à la licence; que les poëtes dramatiques de Rome sont inférieurs à ceux de la Grèce, et néanmoins ne sont pas sans valeur; que Corneille, Racine et Molière sont de grands génies, et qu'ils n'ont pas eu des successeurs dignes d'eux; que l'Opéra n'est pas le plus édifiant des spectacles; que le théâtre n'est point chose mauvaise en soi, bien qu'on en fasse presque toujours un usage mauvais ; qu'on en a fait quelquefois un bon usage, et qu'on peut encore en faire un bon usage ; qu'une chose en soi mauvaise, absolument, iné- vitablement mauvaise, n'aurait trouvé dans le monde ni un législateur comme Aristote, ni des protecteurs comme Richelieu et Louis XIV. Et d'autres nouveautés de cette valeur et de cet intérêt.

Quant à ce qui concerne les représentations de tragédies et de comédies dans les colléges, la pratique est ancienne : donc elle est excel- lente. Tel est l'argument fondamental. Le P. Porée rappelle ce qui se fait partout de temps presque immémorial, ce que Louis XIV lui- même a permis dans la maison de Saint-Cyr, et à des demoiselles. Il décrit avec une visible complaisance ces belles solennités scolaires, où accouraient en foule des spectateurs de tous rangs et de tous états, *qui ne s'ennuyaient pas de prêter leurs yeux et leurs oreilles à des acteurs tout jeunes et presque enfants ; qui n'avaient pas honte de rire à leurs rires, de pleurer à leurs pleurs, de s'instruire aux leçons qu'ils reçoivent.* » Je ne rends pas tous les jeux de la phrase latine ; mais c'en est le sens, et un

4.

peu le tour. Le P. Porée explique ensuite le but qu'on se propose. C'est assurément une culture plus parfaite de l'intelligence et du goût, et le développement des avantages extérieurs. Mais c'est plus encore, et, comme dit l'orateur, un résultat bien autrement heureux. Les maîtres *font passer leurs disciples de l'humble et obscure école des lettres sur l'école du théâtre relevée et splendide, afin que ces jeunes gens, qui doivent jouer plus tard dans l'État de grands rôles, apprennent de bonne heure à mépriser ou à aimer ce qu'ils ont vu accueillir, sur la scène dramatique (1), par des risées ou par des applaudissements.*

Et c'est tout ! Et ces belles raisons suffisaient au P. Porée et à son auditoire ! Et le Jésuite anonyme qui a publié les *Comédies* du P. Porée cite ces antithèses comme des arguments sans réplique ! Et c'est en vertu de tels principes que le P. Porée dépensait chaque année des mois entiers et à imprégner ses meilleurs élèves de sa

---

(1) Le texte dit *domestica*. C'est évidemment une faute d'impression. *Dramatica* est le mot. La maison n'a que faire ici.

propre poésie dramatique, et à les façonner en histrions ! Il est vrai que le bonhomme d'éditeur ne se possède point d'admiration en racontant les faits et gestes du P. Porée monteur de spectacles. A l'entendre, le P. Porée enfantait des merveilles : « Quand il avait exercé ses interprètes, à force de travail, j'ai presque dit de sueurs, durant de longs jours, dans l'ombre de sa classe, on les voyait paraître sur le théâtre avec cet air dégagé qui convenait à des jeunes gens bien nés, et qui ne ressemblait nullement au dévergondage des comédiens. L'action était égale de tout point aux choses mêmes. » Puis vient une description circonstanciée des leçons de mimique et de déclamation qu'ils avaient reçues. Puis l'éditeur ajoute : « De là ces applaudissements répétés ; de là ces subites acclamations ; de là cette admiration sans fin de l'amphithéâtre frappé d'étonnement. » On n'en eût pas dit davantage de Baron en personne, et de Baron secondé d'une troupe d'élite.

Admettons que le P. Porée, en trois mois, en deux mois, en un mois, fît des acteurs à souhait. Ce mois n'en était pas moins un mois perdu : perdu pour ceux qui montaient sur les planches, perdu bien plus encore pour ceux qui n'y montaient pas. Le temps consacré aux répétitions dramatiques était volé aux exercices communs. L'Université moderne a fait œuvre de haute et profonde sagesse en interdisant la tragédie et la comédie dans ses colléges. O recteur Rollin ! ce n'est pas vous qui blâmeriez cette heureuse proscription. Vous donniez des mandements pour régler les représentations traditionnelles ; vous corrigiez l'abus, ne pouvant supprimer l'usage. Vous ne préconisez point le théâtre comme moyen d'éducation. Vous vous reconnaîtriez dans une loi qui garantit les colléges de désordres contre lesquels vous eûtes à sévir, et qui assure efficacement à chaque écolier son droit tout entier au temps et aux soins de ses maîtres.

CHAPITRE IV

LE P. PORÉE

Résurrection d'une tragédie du P. Porée. — Sujet d'*Agapitus*. — Jugement. — Citations. — Autres tragédies du
P. Porée. — *Comédies* du P. Porée. — Citations. —
Regnard perfectionné. — La boîte au gros sel. — Accord
de la théorie et de la pratique. — Deux oraisons funèbres
de Louis XIV. — Querelle du P. Porée et du professeur
Grenan. — L'éloquence du P. Porée. — Lettre d'un
contemporain. — La personne du P. Porée. — Éloges
de son génie par ses confrères. — Science du P. Porée.
— Le P. Porée professeur. — Voltaire et le P. Porée.

L'Université de France proscrit les représentations dramatiques. Mais l'on joue encore des
tragédies et des comédies dans certains établisse-
ments d'instruction. Il ne se passe même guère
d'année que les journaux, pour une cause ou
pour une autre, ne nous entretiennent de quelque solennité scolaire marquée d'un événement
de ce genre. Je lisais, il n'y a pas fort long-

temps, que les élèves du petit séminaire de
Séez ont représenté le *Martyre de saint Agapet*, en présence de monseigneur l'évêque, aux
grands applaudissements de l'assistance, et à la
complète satisfaction de Sa Grandeur. Ceci m'a
révélé que la poésie tragique du P. Porée n'est
point morte. Le *Martyre de saint Agapet* est
une des tragédies du P. Porée. Le vrai titre est
simplement *Agapitus*, en français *Agapit*,
comme le P. Porée nomme lui-même son héros
dans le prologue et ailleurs. Cette exhumation
d'*Agapitus* a ses raisons sans nul doute. On
aura jugé *Agapitus* la meilleure des tragédies du
P. Porée. Contemplons donc le P. Porée dans
son chef-d'œuvre.

Les faits qui ont fourni la matière de la tragédie se passent dans la ville de Préneste, en
l'an 275, sous le règne d'Aurélien. Le prologue,
qui est en vers français comme les intermèdes,
nous montre un chœur de jeunes idolâtres
offrant des vœux à la déesse Hébé, puis Agapit, suivi d'une troupe de jeunes chrétiens,
renversant la statue de la déesse. Au premier
acte, Métellus, le flamine des dieux, dénonce
le sacrilége au préfet de Préneste, Antio-

chus, ami de Lysandre, le père d'Agapit. Le
coupable avoue son crime. Douleur de Lysandre; efforts du père pour amener son fils au re-
pentir; triomphe apparent des larmes pater-
nelles. Dans le premier intermède, les chrétiens
doutent un instant de la persévérance d'Agapit.
Un ami d'Agapit les rassure. Le chœur appelle
par ses prières la grâce d'en haut, afin qu'Agapit ne faiblisse point devant les épreuves. Au
deuxième acte, Antiochus et Lysandre se con-
certent pour faire croire au jeune homme que
César veut la tête du père de celui qui a renversé
la statue, le fils étant censé n'avoir pas commis spontanément ce forfait. Agapit est affligé,
mais ne succombe pas. Le flamine impatient
vient réclamer sa victime. Agapit voit qu'on le
trompait, et refuse absolument d'abjurer. Antiochus le livre aux bourreaux, mais en l'aver-
tissant qu'il lui parlera une dernière fois entre
les tortures et la mort. Dans le deuxième intermède, un jeune païen se convertit, pour avoir
assisté aux tortures du martyr. Au troisième
acte, le préfet prend la résolution d'en finir
avec Agapit. Comparution d'Agapit devant son
juge et devant son père. Il résiste aux menaces

de l'un et aux pleurs de l'autre. Antiochus le rend aux soldats. Prières de Lysandre à son ami. Antiochus réconforte le père au désespoir, en lui disant qu'il a seulement fait conduire Agapit au flamine, pour que le flamine essaye une dernière fois la vertu des menaces. Métellus revient, mais seul, et se félicitant de la mort de l'impie. Lysandre, éclairé par la grâce, jure haine aux faux dieux, et se proclame chrétien. Le troisième intermède contient le récit de la mort d'Agapit et des chants de victoire en l'honneur de son martyre.

Cette construction dramatique, qui n'est guère compliquée, est pourtant d'une maladresse étonnante. A la fin du second acte la pièce est finie. Antiochus ne dit à Agapit : *Mox te advocabo*, que pour fournir au P. Porée quelque prétexte d'ajouter un troisième acte aux deux premiers. D'ailleurs, rien ne se tient. Les personnages entrent et sortent par un pur caprice de l'auteur, non point par la nécessité de l'action. Mais que parlé-je d'action ? il n'y en a pas l'ombre. Quant aux caractères, je n'ai pas besoin de remarquer quelle sorte de peine le P. Porée a dû prendre pour les inventer. Agapit est un diminutif de

Polyeucte. Antiochus et Lysandre sont Félix dédoublé : là, son absurdité ; ici, ses bons instincts. Métellus, dans le peu qu'il dit et dans le mal qu'il fait, ne fait et ne dit presque rien qui lui appartienne en propre. Nathan et autres y sont pour les trois quarts et plus.

Au reste, ne nous battons pas contre des moulins. Je ne pense pas que le P. Porée ait prétendu autre chose, en écrivant *Agapitus*, que faire une réduction de *Polyeucte*, et de *Polyeucte* moins Pauline et Sévère, c'est-à-dire moins ce qui est la vie et l'intérêt du drame de Corneille. Le P. Porée va même jusqu'à imiter l'inimitable ; et, si son troisième acte est mal amené, on y trouve, plus ou moins défigurée, la scène où Polyeucte répète : « Je suis chrétien. »

ANTIOCHUS.

. . . .
Adeone dulce est cadere tortoris manu ?
Adeone durum est colere gentiles deos ?

AGAPITUS.

Te, Christe, adoro.

LYSANDER.

Sacra relligio, fides,
Amor, siletis ! Solus an pateat parens

Vestros ad ictus? Natus illæsum gerat
Telisque pectus invium?... Ah ! nimium diu
Natura cessas. Sentiat tandem sua
Et nostra natus vulnera, aut saltem meo
Dolore doleat... Nate, per si quid meum
Tibi dulce quicquam, luce si carus magis
Semper fuisti, si tibi carus pater,
Miserere patris, quem brevi coges mori ;
Et tu tui miserere. Supremum Jovis
Hebesque adora numen, et Christum nega.

AGAPITUS.

Te, Christe, adoro.

ANTIOCHUS.

         Non peto ut Christum neges ;
Negare tantum finge, dum nostros palam
Divos professus patrio ritu colas.

AGAPITUS.

Te, Christe, adoro.

ANTIOCHUS.

         Miles, Agapitum ocius,
Ne nostra fœdet ora, conspectu rape.

Et voilà le plus bel échantillon de la plus belle
tragédie du P. Porée ! Jugez, d'après ces mi-
sères, quels trésors d'imagination et de style
contiennent les autres ! Pourtant ce latin anti-
thétique et prétentieux a encore figure. La gra-
vité des mots romains dissimule jusqu'à un certain point le vide des idées ou leur trop mince

valeur. Mais les vers français du prologue et
des intermèdes passent vraiment la permission
que Boileau accorde aux poëtes de se mouvoir
impunément du médiocre au pire. Voici du lyrique à la façon de Racine :

> Ce nom est redoutable,
>   Il est adorable,
> Rendons-lui nos respects ;
>   Il est aimable,
> Cédons à ses attraits.
>   Il est aimable ;
> Que l'amour par ses traits
> Le grave dans nos cœurs, qu'il y règne à jamais.

Voici du lyrique à la façon de Corneille :

> Le beau sang d'Agapit, impétueux, bouillant ;
> Pour couler à grands flots n'attendait qu'un passage ;
> Il s'est couvert d'écume, et fumait en coulant ;
>   Une partie, en s'exhalant,
>   Formait un tendre et doux nuage,
> Qui, semblable au parfum qu'on offre au Dieu vivant,
> S'élevait jusqu'au ciel, y portait son hommage ;
> Le reste, sur la terre, encore tout brûlant,
>   Retraçait à nos yeux l'image
> Des transports enflammés et du noble courage
> Qu'a montré ce héros en s'offrant au trépas ;
>   Il était fier de l'avantage
> De se voir répandu pour le Dieu des combats.

Il y a pourtant un fait incontestable. Ces
vers ont été applaudis naguère au petit sémi-

naire de Séez, et ils l'avaient été jadis au collége Louis-le-Grand. Hélas! on applaudit peut-
être, aujourd'hui même, et dans de vrais
théâtres, des choses encore plus pauvres.
L'*Agapitus* du P. Porée ne sera, si l'on veut,
qu'un degré au-dessous de rien. En parlant
ainsi, je ne dis que la stricte vérité. Mais les
admirateurs, à Séez, avaient probablement de
valables raisons pour applaudir. La tragédie a
été retouchée, disent les journaux, par un savant
professeur. Qui sait si les retouches n'en ont
point fait un chef-d'œuvre? Je n'ai qualifié que
l'œuvre du P. Porée.

Je me dispense d'expliquer jusqu'à quel point
le P. Porée est égal ou inférieur à lui-même
dans ses autres tragédies. Il y en a cinq :
*Brutus, Hermenigildus, Mauricius, Sennache-
rib, Sephœbus Myrsa.* Je les ai lues, et je me
souviendrai toute ma vie de ces heures de prodigieux ennui. J'ai du moins l'avantage de pouvoir en conscience approuver le choix du savant
professeur de Séez. *Agapitus* est le meilleur de
ces ridicules pastiches tragiques. C'est aussi un
des plus courts; et ce mérite n'est pas à dédaigner, si l'on s'inflige la pénitence de les lire.

Les comédies du P. Porée valent en leur genre ses tragédies. Quelques mots suffiront pour caractériser ces produits scolaires : inanité de conception, absence d'intérêt, puérilité de style, plaisanteries de mauvais goût. Ces comédies sont toutes en prose latine, sauf quelques prologues ou quelques chansons en vers français. Voici quelques échantillons des chansons et des prologues. Cette poésie comique n'est pas indigne de la poésie tragique du prologue et des intermèdes d'*Agapitus*.

Veut-on du comique sérieux ?

> Le Ciel, en nous donnant la vie,
> Nous asservit aux mêmes lois ;
> Mais, pour le bien de la patrie,
> Il nous forme à divers emplois.
>
> L'un doit, éloigné des alarmes,
> Dicter les arrêts de Thémis ;
> L'autre, par la force des armes,
> Repousser nos fiers ennemis, etc. (1)

Ou bien encore :

> On dit vrai, qu'amour et caprice
> Ont fait un accord éternel :

---

(1) *Liberi coacti*, Prologue.

> Caprice en tout amour se glisse,
> Même dans l'amour paternel.

> Un père n'aime plus en père ;
> Il fait un partage odieux,
> Distingue le frère du frère,
> Et règle son cœur par ses yeux, etc. (1).

Voulez-vous de ce qui se chantait, probablement parce qu'il ne valait pas la peine qu'on le parlât ?

> Par mille maux,
> Mille travaux,
> Dans la paix, dans la guerre,
> Sur la mer, sur la terre,
> On cherche le repos.
> Pour le trouver l'effort est inutile :
> On perd ses pas ;
> Quand on le cherche on ne le trouve pas (2).

Aimez-vous mieux ceci ? Il s'agit d'établir une Académie des paresseux, et on énumère, dans une suite de couplets, quels candidats il faut admettre. Voici le couplet final, ou, si on l'aime mieux, le bouquet :

> Contre un insolent petit-fils
> Grand-papa jette les hauts cris.

---

(1) *Cæcus Amor patrum*, Prologue.
(2) *Misoponus*, acte I, scène x.

Lui procure-t-il l'opulence
Qui fomente son indolence,
Il perd son temps ;
Præsto, præsto musette,
Qu'on le mette
Parmi nos fainéants (1).

On a beau être professeur de rhétorique, et
condamné, comme tel, à la poésie dramatique
à perpétuité, on n'est pas recevable, franche-
ment, à rejeter sur les obligations de l'emploi la
responsabilité de pareilles platitudes. Le P. Porée pensait probablement ainsi ; car il avait eu
du moins le bon esprit de ne pas publier ses
comédies. Mais que dire de ceux qui les ont pu-
bliées, et qui proclament l'auteur, dans leur préface, un des plus grands poëtes comiques de
tous les temps, *nulli secundum ?*

O Regnard ! venez et instruisez-vous ; car
voici votre *Joueur* perfectionné de la bonne
manière. Vous n'entendez rien au dialogue ; et
vous n'êtes qu'un sot. Écoutez Pæzophilus et
son valet, et vous saurez comment devaient parler votre Valère et votre Hector :

_____

(1) *Mi: ponus*, acte III, scène XVI.

Pæzopiilus. *Aufer te istinc, et quiesce.* Parmeno. *Nullam quietis partem possum capere, dum tu nihil somni capis, dum te vigilando enecas.* Pæz. *Hora quota est?* Par. *Manuale horologium inspice.*

Regardez votre montre ! ce trait manque évidemment à la scène de Regnard ; et *manuale horologium* manque bien plus encore au troisième intermède du *Malade imaginaire.*

Quant à la boîte au gros sel, le P. Porée y puise quelquefois avec une certaine indiscrétion. Il y a notamment, dans le *Philedonus*, un ivrogne dont le langage serait assez propre à faire vomir les gens faibles d'estomac : « *Oh !... sa... sa... sapio multum. Atque, si Philedonum excipias, qui me omni sa... sa... pore vincit, ne... ne... nemo vinum bonum melius sapit. — Ve... ve... veteris tamen phi... phi... philosophiæ aliquid retineo,... et admitto horrorem a va... vacuo. Ego numquam sum va... vacuus* (1). » Ce sont là ses plus agréables gentillesses. On n'en tolérerait pas l'équivalent au boulevard, dans le plus débraillé des vaudevilles.

_____

(1) *Philedonus,* scène xiii.

Et c'est ainsi que le P. Porée prouve qu'il ne
faut pas abuser du vin ! Car toutes les comédies du P. Porée, ou, comme il les intitule, ses
drames comiques, ont la prétention d'être des
leçons de morale. *Pœzophilus* démontre que
qui a joué jouera, et que qui jouera s'en repen-
tira ; *Cæcus Amor patrum*, qu'un père ne doit
point avoir de préférences ; *Misoponus*, que la
paresse n'est pas bonne ; *Liberi coacti*, qu'il ne
faut pas forcer les vocations ; et *Philedonus*,
qu'il faut fuir les voluptés.

Le poëte du moins, dans le P. Porée, n'est
pas en désaccord avec le théoricien. Le théâtre
est pour lui une école de morale. Mais j'ai bien
peur qu'on ne préfère, à tort ou à raison, les
chefs-d'œuvre qui n'enseignent pas tant, mais
qui peignent au vrai le cœur humain, les passions, la vie. Eh ! n'est-ce pas un enseignement
aussi, et plus profitable que celui qui s'affiche,
et même le seul dont on puisse profiter au théâtre ? Une comédie n'est pas un sermon. Je ne
dis pas que le sermon et la comédie doivent se
contredire ; je dis seulement qu'un sermon ne
fera jamais une comédie.

On trouve quelquefois, dans les recoins ou-

bliés des vieilles bibliothèques, certains docu-
ments qui dérangent les opinions reçues. Cela
m'est arrivé au sujet du P. Porée. Vous allez
voir que ce R. P. n'était qu'un homme. Vous
verrez aussi que, même au siècle dernier, tout
le monde n'était pas de l'avis des Jésuites sur
le mérite oratoire du P. Porée.

Louis XIV était mort le 1ᵉʳ septembre 1715.
Le P. Porée prononça en latin l'oraison funèbre
du monarque, dans la chapelle de Louis-le-
Grand. L'Université rendit hommage, en latin
aussi, à la mémoire du roi défunt, dans l'église
de la Sorbonne, par l'organe de Bénigne Grenan, professeur de rhétorique au collége d'Harcourt. Le succès de chacun des deux discours
fut extraordinaire. Mais c'est là, sauf l'idiome
dans lequel avaient parlé les deux orateurs, tout
ce qu'ils avaient de commun. Ils différaient
même du tout au tout dans l'appréciation de la
conduite de Louis XIV à l'égard des Jansénistes. Le P. Porée n'avait pas manqué de louer
les rigueurs salutaires exercées contre une secte
dangereuse, *cette fille dénaturée*, ce sont les
propres expressions du R. P., *qui renie la religion calviniste sa mère, quoique sa mère ne*

doive pas la renier ; qui est partout, et qui dit
faussement qu'elle n'est nulle part. Grenan avait
fait aussi l'éloge de la piété du roi ; mais il avait
donné à entendre que cette piété n'était pas
toujours très-éclairée, et que Louis XIV n'avait
fait quelquefois, tout en croyant travailler au
bien de la religion, que céder à des influences
mauvaises. Le P. Porée fut très-choqué de l'au-
dace d'un homme qui avait l'impertinence d'être
d'un autre avis que lui, et il tança vertement
son rival, en prenant pour prétexte la gloire de
Louis XIV outragée. Lisez sa lettre à Grenan,
et vous verrez que le P. Porée non-seulement
était un homme, mais n'était pas toujours un
bon homme. Cette lettre est assez courte, d'un
français médiocre, pas très-spirituelle, mais très-
insolente, presque méchante. Le P. Porée dénonce aux *vrais catholiques* l'orateur malencontreux, et l'avertit charitablement qu'il pourrait
bien encourir, pour son méfait, quelque censure un peu désagréable. Cette menace énigma-
tique, ce n'est pas le P. Porée orateur qui la
fait, mais le P. Porée théologien ; *car je puis*
dire, s'écrie-t-il en prenant ce titre, *que j'ai*
étudié ma théologie. Il profite ensuite de l'occa-

sion pour dire à Grenan, non plus comme théologien, mais *comme rhétoricien*, que son oraison funèbre n'est pas bonne, qu'il a été long et
diffus, et qu'il a pillé une de ses comparaisons
dans Fléchier.

L'Université ne connaît pas tous ses héros. Ce
Grenan, dont je rappelais jadis le nom aux échos
étonnés du vieux collége d'Harcourt, était un
professeur très-estimé, un humaniste très-habile;
et c'était, dans toute la force du terme, un homme
d'esprit et de talent, chaud et vif d'ailleurs, et
incapable de ne pas relever un outrage. Il répondit au P. Porée. Mais il ne se borna point à
repousser l'attaque. On lui reprochait d'avoir
parlé à mots couverts à propos du Jansénisme,
et de n'avoir pas eu le courage de son opinion.
Il dit au P. Porée de ne s'en prendre qu'à lui-
même : « Je fus témoin de l'indignation qu'excita
votre description burlesque du Jansénisme....
J'ai eu peur de faire un faux pas, en marchant
sur un endroit aussi glissant, et vos écarts m'ont
rendu sage. » Quant à l'accusation d'avoir donné
atteinte à la gloire de Louis XIV, en disant
que Louis XIV avait pu être trompé, Grenan
répond que Louis XIV était homme, et non pas

Dieu, et que, dire qu'il a pu être trompé, c'est dire simplement qu'il était homme; proposition qui ne saurait scandaliser personne, et qu'ont approuvée de leurs suffrages un cardinal, des archevêques, des évêques, le Parlement en corps, l'Université entière. Quant aux prétentions théologiques du P. Porée : « Je ne doute point, dit Grenan, que vous ne soyez très-habile en théologie, puisque vous m'en assurez. Un Jésuite voudrait-il mentir, et surtout à son avantage? Ils sont trop humbles pour cela. Je m'étonne donc que, dans la disette où vous êtes de bons théologiens, vos supérieurs ne vous tirent pas de l'emploi que vous exercez présentement, pour vous appliquer à un autre, dont vous vous acquitteriez apparemment avec succès. Ce sont eux que vous devriez informer de votre capacité, et non pas moi, qui ne puis ni la mettre en œuvre, ni en faire aucun usage. Car votre théologie est celle de Molina, d'Escobar, de Tambourin, des Pères de la Société : la nôtre est celle de saint Augustin, de saint Thomas, de Gerson, des Pères de l'Église ; et vous savez que les principes des uns ne sont pas tout à fait ceux des autres. » Quant au reproche de n'avoir pas tiré de son propre fonds toutes ses richesses, et surtout de n'avoir pas fait un chef-d'œuvre, Grenan n'avait pas de peine à passer condamnation. Mais ici son adversaire lui offrait une trop belle prise : il ne la laisse point échapper. Il dit nettement au P. Porée son avis sur le discours du P. Porée : il en montre le vide et le faux ; nullité de pensées, mensonges, flatteries ; dans la forme, antithèses perpétuelles, presque toujours forcées, perpétuel gallicisme de l'expression.

Ce sont là en effet les défauts de toutes les compositions oratoires du P. Porée. Le jugement de Grenan est sévère, mais vrai ; et ce n'est pas sans raison que Grenan avait dit ailleurs, en atténuant ironiquement le sens injurieux d'une expression du P. Porée : « L'antithèse, votre figure favorite, vous a ébloui ; et, pourvu que les mots dont vous vous serviez formassent ce petit jeu qui charme tant vos oreilles, vous aviez fort peu d'attention au sens qu'ils renfermaient. » Voltaire ne dit-il pas la même chose, dans le *Siècle de Louis XIV*, en parlant du P. Porée ? « Éloquent dans le goût de Sénèque. » Et l'éditeur même des œuvres du P. Porée, ou

plutôt celui qui a commencé la publication
des œuvres du P. Porée, n'avoue-t-il pas im-
plicitement ce gallicisme d'expression dénoncé
par le professeur du collége d'Harcourt ? « Son
style oratoire, suivant quelques-uns, n'est pas
assez cicéronien. » Il se rabat sur la beauté des
pensées et des figures, et sur l'atticisme de la
diction. Mais cet atticisme prétendu, c'est précisément ce que Grenan appelait à bon droit
gallicisme ; c'est ce qui n'a jamais été latin
qu'au collége Louis-le-Grand ; ce sont ces traits
et ces pointes à quoi excelle la langue française,
mais que la langue romaine de Rome n'a jamais
su exprimer, et que pouvait seule exprimer la
langue romaine des Jésuites.

C'est bien assez du succès que ces discours
ont eu quand ils furent prononcés. Ils ne peuvent servir ni à nous instruire, ni à nous émou-
voir, ni même à nous apprendre le latin. L'espèce
de charme qu'y avait répandu le bel-esprit de
l'auteur est fané comme les roses d'avant-hier,
comme les modes d'il y a deux ans, comme les
petits vers musqués de l'autre siècle. Mais cela
a été nouveau, et cela a enchanté son public.
Oui, certes! mais à quel prix? Voici ce que

nous conte un de ceux qui avaient assisté au triomphe du P. Porée prononçant l'oraison funèbre de Louis XIV : « Il en a été des auditeurs comme de ceux qui croient aller à une tragédie. Ils comptent de s'y passionner, de s'y attendrir. Mais on joue une farce : ils rient, ils éclatent. Ils ne s'en retournent pas mécontents des acteurs; mais on a joué une farce au lieu d'une tragédie. Il est certain qu'à toutes ces lueurs, ou bluettes d'esprit, qui partaient de la bouche du Jésuite, on s'est récrié. Mais c'est à peu près ce qui arrive à la multitude, lorsqu'on tire les fusées du feu de la Saint-Jean. On entend à tout moment des éclats : Ah ! qu'elle est belle ! qu'elle est haute ! qu'elle est brillante (1) ! » Voltaire appelle cela être éloquent dans le goût de Sénèque. Soit, ne disputons pas sur les mots. Mais Sénèque avait du génie; et je cherche en vain, dans l'éloquence du P. Porée, cette *chresme de philosophie*, comme parlait Montaigne, ces pensées aussi justes que profondes, que Sénèque exprime si souvent avec tant de bonheur et une si admirable énergie.

---

(1) *Lettre de M*** à un de ses amis*, 1716.

J'ignore le nom de l'auditeur du P. Porée : ce n'est plus Grenan ; il a même eu soin de terminer la préface de son opuscule par cette note : « On avertit le public et les Jésuites que la lettre qui suit n'est point de M. Grenan. » Mais l'éloquence dont il décrit les effets ne mérite que le nom qu'il lui donne : *feu d'artifice.* Splendeur d'une seconde, puis absolue obscurité.

J'ai vu, au Cabinet des Estampes, deux portraits du P. Porée, tous deux d'après la même peinture, mais gravés tous deux de main de maître, l'un par Desrochers, l'autre par Balechou.

C'est la tête d'un homme de soixante ans environ, d'une physionomie agréable, ayant le front haut et un peu dégarni de cheveux, les yeux vifs, la bouche belle, le nez à la fois aquilin et fort ; un P. Porée, en somme, qui ne dément pas trop l'idée qu'on se fait du maître de Voltaire.

Au bas du portrait gravé par Balechou, on lit une inscription latine, où sont célébrés, par une triple antithèse, ses vertus, ses talents et ses succès : *Pietate an ingenio, poesi an eloquentia, modestia major an fama.* Au bas du portrait

gravé par Desrochers, l'inscription laudative est
en vers français :

> Avec ce professeur habile,
> Qui du public charmé gagna toutes les voix,
> Horace, Cicéron, Démosthène, Virgile,
> Sont morts une seconde fois.

N'allez pas vous figurer qu'il s'agisse là de
la perte qu'ont faite les génies de l'antiquité,
dans la personne d'un interprète qui les rendait
vivants par sa parole. Non ; il faut prendre ceci
au propre. Le P. Porée était, au jugement de
ses confrères, le plus grand des poëtes et le plus
grand des orateurs. Nous possédons les panégyriques qu'ils lui ont consacrés après sa mort,
sur tous les modes de la lyre latine, ode, élégie,
hendécasyllabes, etc. Le P. Saint-Calais dit que
Melpomène et Thalie s'arrachent les cheveux de
désespoir, et qu'Euterpe et Calliope ont brisé,
l'une ses flûtes, l'autre sa trompette, comme à la
mort de Virgile. Le P. Durivet dit que la France
a perdu tout à la fois un grand orateur, un
Quintilien, un passe-Sénèque et un poëte comique admirable. Le P. de Marolles dit qu'il a
manqué un Porée à la gloire d'Athènes et de

Rome. Le P. des Billons dit que Porée, orateur et poëte, égale et peut-être surpasse Cicéron, Pline le Jeune, Sénèque le tragique et Térence. Un autre P., qui ne dit pas son nom, probablement le P. Griffet, l'éditeur de ces panégyriques, promet aux œuvres du P. Porée l'immortalité. Enfin le P. de La Sante, qui avait été vingt ans durant le collègue du P. Porée dans la chaire de rhétorique, résume en style lapidaire, sous forme d'inscription funèbre, la longue liste des titres du défunt à la renommée; et la liste se termine précisément par les mots mêmes qui servent d'inscription au portrait gravé par Desrochers.

Ce qui est certain, c'est que le P. Porée a joui d'une immense réputation. Sa mort, en 1741, fut comptée comme un événement Son biographe latin nous apprend que le roi Louis XV fit témoigner à la Compagnie la part qu'il prenait à une telle perte.

Nous savons ce qu'il faut penser du P. Porée écrivain. Si nous cherchions jusqu'à quel point le P. Porée fut un homme instruit, nous arriverions peut-être à douter de la légitimité de ses droits au titre de phénix des professeurs.

Il est bizarre de voir Voltaire, dans une de
ses lettres, obligé d'expliquer à son ancien maître
que Messène, la ville de Mérope, n'est pas la
même chose que Mycènes, la ville d'Agamemnon.
Ce qui est bien plus bizarre encore, ce sont les
preuves que le P. Porée nous a léguées lui-même
de son ignorance des plus simples éléments de
la langue grecque. Les noms des personnages,
dans ses comédies, sont des noms significatifs;
et ces noms, il les a forgés avec du grec, et, à
ce qu'il s'imaginait, d'après l'usage antique. Or,
il y en a qui n'ont point le sens qu'il leur assi-
gne, ou qui même n'ont aucun sens. *Pœzophilus*
est censé signifier *le Joueur*, et ne signifie rien
du tout. Le verbe παίζω, *jouer*, c'est *s'amuser*,
folâtrer, ce n'est pas *jouer au jeu*, *hasarder
de l'argent*. D'ailleurs le P. Porée a composé
son mot contrairement à l'analogie, en accou-
plant un verbe à un adjectif; et, ce qui est pis
encore, l'adjectif, à la place où il est, dit exactement le contraire de ce qu'il devrait dire. Si
le mot *Pœzophilus* était susceptible d'avoir un
sens, il signifierait : *aimé de l'amusement*.

La Fontaine, empruntant certains noms de rats
à la *Batrachomyomachie*, félicite le poëte qui

les a inventés, et en appelle sur ce point à
ceux qui entendent la langue grecque. C'est bien
le cas de retourner ici l'observation, et de ne
pas féliciter le **P. Porée.** Ceux qui entendent le
grec ne lui passeront point *Pæzophilus.* Ils ne
lui passeront pas même *Deuterophilus, OEno-*
philus, et d'autres composés non moins barbares.
Mais nous avons bien aujourd'hui, dira-t-on,
œnophile en français? Nous avons aussi *biblio-*
phile. La belle justification pour le **P. Porée!** Il
sera bien plus avancé quand j'aurai reconnu
qu'il était aussi fort en grec que ceux qui ont
déposé dans notre langue ces ordures lexico-
graphiques!

Le *Mercure* du mois d'août 1726 conte que le
P. Porée vient de faire réciter en public à ses
rhétoriciens six poëmes latins tirés de six tragédies grecques. Ceci semblerait annoncer un
professeur familier avec Sophocle et Euripide.
C'est tout simplement un témoignage de l'amitié
du **P. Brumoy** pour le **P. Porée.** Le **P. Porée**
avait eu entre les mains les cahiers du **P. Brumoy.**
C'est dans le futur *Théâtre des Grecs* qu'il avait
puisé ses matières. Ne faisons pas du **P. Porée**
un helléniste, en dépit des faits.

Voltaire, qui a l'air d'accepter le P. Porée pour un orateur et pour un poëte, est bien plus dans le vrai quand il le qualifie de *très-bel esprit*, et quand il ajoute : « Son plus grand mérite fut de faire aimer les lettres et la vertu à ses disciples. »

Les succès du professeur sont incontestables. Le P. Porée fut, pendant trente ans et plus, depuis 1708 jusqu'à sa mort, l'honneur, le soutien, on pourrait dire la providence du collége Louis-le-Grand. Les jeunes gens accouraient à ses leçons, dit le P. Griffet, non pas seulement de toutes les provinces du royaume, mais de toutes les contrées de l'Europe. On a compté, dans les fauteuils de l'Académie française, dix-neuf immortels qui s'étaient assis sur les bancs de la classe du P. Porée. Il est vrai que la plupart n'étaient que des grands seigneur . Mais il y a Voltaire.

Le P. Porée avait trente-quatre ans quand le jeune Arouet passa entre ses mains. Les éloges de Voltaire se rapportent donc à la plus florissante période de la vie du P. Porée ; mais dix ans, vingt ans, trente ans plus tard, le professeur les méritait encore. Le P. Porée n'a point

cu de décadence. Il conserva jusqu'au bout la
jeunesse de sa pensée, l'enjouement de son caractère. Cependant, le dirai-je? j'ai peur que le
P. Porée n'ait été dans sa chaire qu'un brillant
éplucheur de phrases. Ses confrères nous assu-
rent qu'il travaillait beaucoup : ce n'était pas du
moins à étendre ou approfondir ses connaissances. C'est à limer ses écrits, à les polir et
repolir, qu'il dépensait les heures. Gorgias et
Protagoras ont fait illusion. Les jeunes gens,
comme parle Platon, les portaient sur leurs
têtes. Il y a des triomphes qui ne sont pas légi-
times. Défions-nous des professeurs qui ont tant
d'esprit. Il n'est pas bon qu'un professeur ait
plus d'esprit que de science. C'est chose pire
encore qu'il soit un bel-esprit, et qu'il ait
prouvé par ses œuvres qu'il n'était qu'un bel-
esprit.

Mais je ne m'inscris point en faux contre
la déposition des contemporains du P. Porée.
J'accepte, sauf dû rabais, les hyperboles de la
Lettre au P. de La Tour. Je ne retranche rien
des magnifiques compliments que l'ancien disciple adresse à son ancien maître, en lui envoyant
OEdipe en 1729, et en 1739 *Mérope*. Je souhaite

même que le P. Porée ait vraiment mérité l'éloge que contiennent ces mots de 1729 : « Vous m'avez appris à savoir vivre comme à savoir écrire. »

CHAPITRE V

LE P. LE JAY

Mauvaise chance du P. Le Jay. — Sa vie. — *Bibliotheca Rhetorum.* — Un bon Jésuite. — Œuvres oratoires du P. Le Jay. — Le P. Le Jay poëte. — Ses tragédies. — *Josephus venditus.* — Comédies. — *Damoclès.* — Le P. Le Jay et Bilboquet. — *Timandre*, etc. — Épigrammes de classe. — L'ode à sainte Geneviève. — *Me, me, adsum.* — Apologue du docteur Mathanasius. — *Antiquités romaines.* — Querelle de l'abbé Bellenger et du P. Le Jay.

Heureux le P. Porée! Il a été un dieu pour ses confrères; il a été, pendant sa vie, selon l'expression de Voltaire, *du petit nombre de professeurs qui ont eu de la célébrité chez les gens du monde.* On ne lit pas ses œuvres; mais on lira éternellement celles de Voltaire, et Voltaire a consacré à l'immortalité le nom du P. Porée. Le nom du P. Le Jay est à peu près inconnu. Le P. Le Jay avait autant de titres que

6

le P. Porée à figurer dans le *Siècle de
Louis XIV*. Il était, autant que le P. Porée,
orateur dans le goût de Sénèque. Ses tragédies
et ses comédies valent au moins celles du P.
Porée. Enfin, le P. Le Jay était une sorte d'érudit,
et l'emportait sur le P. Porée par la science, si
le P. Porée l'emportait sur lui par l'aménité du
caractère et les grâces de l'esprit. On ne parlera jamais du P. Le Jay, parce que Voltaire a
tenu rancune au président de l'Académie du
collége.

Quand le jeune Arouet alla s'asseoir sur les
bancs de la classe de rhétorique, le P. Le Jay
avait déjà cinquante-quatre ans, selon ceux qui
le font naître en 1657; il en avait quarante-
neuf, si l'on ramène, comme le veulent d'autres, à 1662 la date de sa naissance. Il était
depuis plus de trente ans dans la Société de
Jésus, et il y avait dix-huit ans environ qu'il
remplissait au collége Louis-le-Grand les fonctions de professeur de rhétorique. Il en était
chargé déjà en 1693; car c'est en 1693 que sa
première tragédie fut représentée aux *Jeux so-
lennels* de Louis-le-Grand; et les professeurs
de rhétorique étaient les poëtes en titre de la

maison. Les biographes disent qu'il cessa de professer, après avoir enseigné la rhétorique à Paris pendant dix-neuf ans. Le jeune Arouet fut donc un de ses derniers élèves. La date de sa retraite coïncide avec l'époque même où le jeune Arouet sortit de Louis-le-Grand. Cette retraite fut loin d'être inoccupée. Il y avait, dans la plupart des colléges de Jésuites, des congrégations, c'est-à-dire des confréries de dévotion sous l'invocation de la Sainte Vierge. Le P. Le Jay devint préfet de la congrégation dont le chef-lieu était à Louis-le-Grand. C'était une administration considérable. Il y consacra une partie de son temps, et il donna l'autre aux travaux littéraires. C'est même après avoir quitté sa chaire qu'il acheva ou écrivit ses deux plus grands ouvrages, la traduction française des *Antiquités romaines* de Denys d'Halicarnasse, publiée en 1722, et la *Bibliotheca Rhetorum*, publiée en 1725. Après 1725, il cessa d'écrire, mais non point probablement de gouverner sa confrérie. Il prolongea sa vie jusqu'en 1734. Il était âgé, à sa mort, de soixante-dix-sept ans, ou au moins de soixante-douze, et il avait passé cinquante-sept ans dans la Compagnie.

La *Bibliotheca Rhetorum* n'est nullement ce
que semble annoncer son titre. Vous vous figurez
peut-être quelque savante collection, contenant
dans leur entier ou par extraits les principaux
livres des anciens sur l'art oratoire, depuis le
traité d'Aristote, par exemple, jusqu'à celui de
Quintilien, avec notes et commentaires compé-
tents à l'objet. Erreur. On appelait *rhetores*,
au collége Louis-le-Grand, les élèves de rhétorique ; et la *Bibliotheca Rhetorum* n'est
qu'une bibliothèque à l'usage des écoliers qui
s'exercent à la composition littéraire ; ou, pour
mieux dire, c'est le testament du P. Le Jay,
professeur, orateur et poëte, la collection revue
et corrigée de ses œuvres, appendues à une
Rhétorique et à une *Poétique* de sa façon. C'est
dans ces deux gros in-4° de 1725 qu'il faut surtout chercher le P. Le Jay. Je ne prétends pas
avoir éprouvé un bien vif plaisir à parcourir ces
pages jaunes et poudreuses, et je n'en ai pas
exhumé, tant s'en faut, des trésors ; mais je n'ai
nul regret aux longues heures que j'ai dépensées
à m'y former du P. Le Jay une idée un peu moins
vague que celle qu'on prend de lui dans les Bio-
graphies, même dans la *Biographie universelle*.

Le P. Le Jay était bon Jésuite. J'entends par
là qu'il était tout dévoué à la Compagnie, et
qu'il ne négligeait aucune occasion, grande ou
petite, d'ajouter à son lustre, de lui faire des
amis, de lui concilier ou de lui assurer davantage la bienveillance des puissants du monde.
Je ne l'en blâme point, tout au contraire. Triste
oiseau, comme dit le proverbe, celui qui salit
son nid. Quand on est d'un corps, il faut avoir
à cœur les intérêts et l'honneur de son corps.
Si j'étais Jésuite, je voudrais qu'un jour on pût
dire de moi : *Il fut bon Jésuite.* Dès la première
page de la *Bibliothèque*, on voit combien le
P. Le Jay méritait ce titre. Le livre est dédié
au cardinal de Polignac ; non point précisément
à Polignac l'admirable causeur, ni même à Polignac l'humaniste et le poëte latin, mais à Polignac l'ambassadeur de France près le Saint-
Siége. Lisez la dédicace, et vous reconnaîtrez
qu'il s'agit avant tout du diplomate, de
l'homme en crédit à Rome et en France ; de
celui qu'entourent, comme s'exprime le P. Le
Jay, la vénération et l'amour des Italiens, et que
le Pape lui-même, c'est-à-dire Benoît XIII, est
allé visiter en personne, l'ayant su quelque peu

6.

indisposé (*leviore tentatum œgritudine*) et gardant la chambre. Souvenez-vous de quelle importance il était alors pour les Jésuites que l'ambassadeur de France à Rome leur fût favorable. Le cardinal de Noailles n'était point encore soumis; il ne devait même signer définitivement que trois ans plus tard la constitution *Unigenitus.*

Cette dédicace politique fut la dernière du P. Le Jay; mais ce n'était pas la première. En 1722, Louis XV allait devenir majeur : en 1722, le P. Le Jay dédia au roi sa traduction des *Antiquités romaines.* Chaque fois qu'il imprimait une tragédie, durant ses fonctions de poëte, il profitait de l'occasion, et il entonnait les louanges de quelque homme en place : Lamoignon fils, Chamillart, Chauvelin, Voyer-d'Argenson, d'autres encore. C'est peut-être à la dédicace du drame de *Damocles*, présenté en 1702 par le P. Le Jay au grand Marc-René, que Voltaire dut ses deux camarades de classe, le marquis et le comte d'Argenson. Ajoutez que le P. Le Jay célébra en prose latine, ou en vers latins, ou même en vers français, la plupart des événements remarquables des vingt dernières

années de Louis XIV ; et ce ne fut pas sa faute
si cette fin de règne nous paraît si triste, si dé-
sastreuse et si humiliante.

La *Rhetorica* du P. Le Jay n'est qu'une rhétorique, et dans toute la sécheresse et l'ennui
du terme. Les recettes y sont, depuis celle de
la phrase simple jusqu'à celle de l'oraison funèbre, et techniquement déduites, et rédigées en
mots de Quintilien : c'est tout ce que j'ai à dire
du livre. Mais ce qui est admirable, c'est la can-
deur avec laquelle le P. Le Jay se confie à son
art. Il ne doute pas un instant de l'efficacité des
formules ; et je ne doute pas non plus que le
premier venu n'arrive avec le temps, en suivant
les instructions du P. Le Jay, à être un orateur
de la force du P. Le Jay lui-même et des autres orateurs de cette espèce. *Fiunt oratores :*
c'est bien le cas de répéter l'adage, quand on a
eu le cœur de lire l'immense appendice de la
Rhetorica, ces sermons, ces panégyriques, ces
plaidoyers, ces lettres, ces compositions de toute
sorte, en latin ou en français, qui sont les exemples à l'appui du précepte, et la triomphante
démonstration de la valeur des principes. Si
vous cherchez, dans ces œuvres soi-disant ora-

toires, autre chose que des lieux communs ran-
gés en ordre régulier, et des formes variées de
période, vous courez quelque risque de ne rien
trouver , à moins que ce ne soit de temps
en temps un mot, un trait sentant le bel esprit. Quant à moi, je me suis adressé ailleurs,
aussitôt que j'ai voulu voir enfin des pensées,
des sentiments, une vraie chaleur, un vrai talent,
et, ce qui dit tout, l'éloquence. Le P. Le Jay
m'en donnait à peine l'ombre. Tout ce que j'accorderai, c'est que quelques-uns des sujets traités par l'orateur sont excellents pour les exercices de collège, et que plusieurs de ses discours
peuvent être lus avec quelque profit dans une
classe, comme des corrigés de devoir, comme
des exemples de ce qu'on peut tirer de telle ou
telle matière, avec un peu d'adresse et de bonne
volonté, et en se remémorant bien les règles. O
Démosthènes! ô Cicéron!

Nascuntur poetæ : le P. Le Jay était assurément persuadé du contraire. Son énorme
deuxième tome en est trop la preuve. La *Poetica*
qui est en tête donne les recettes de chaque
genre; et les poésies qui suivent donnent l'application des recettes. Au reste, la *Poétique* du

P. Le Jay n'a qu'un petit nombre de pages.
Elle semble n'être qu'un prétexte; on dirait
qu'elle n'est là que pour amener la collection des
poëmes de l'auteur, tragédies, drames ou comédies, ballets, morceaux divers, fables, épigrammes, symboles, etc. C'est cette collection
qui est la partie vraiment curieuse non-seulement
du volume, mais de toute la *Bibliotheca Rhetorum*.

Le P. Le Jay a écrit sept tragédies, six en
latin et une en français. Quatre des tragédies
latines sont tirées de l'Écriture sainte; une est
tirée des légendes du temps des martyrs; la
dernière, d'Hérodote et de Plutarque : *Josephus venditus a fratribus, Josephus Ægypto
præfectus, Josephus fratres agnoscens, Daniel,
Eustachius martyr, Crœsus.* La tragédie française n'est autre chose que la traduction d'une
des six tragédies latines. Dans l'ordre chronolo-
gique, et dans le livre du P. Le Jay, les pièces
sont tout autrement rangées; la dernière des
trois tragédies dont Joseph est le héros avait
été représentée avant les deux autres, et elle
se trouve imprimée la première des trois; et
c'est *Eustachius martyr* qui ouvre le recueil.

Il n'y a, dans toutes les tragédies du P. Le
Jay, de tragédies que le nom. Je croyais de mon
devoir d'en administrer la preuve, et j'allais
transcrire ici mes analyses. En les relisant, j'ai
senti un autre scrupule : elles m'avaient écœuré ;
je n'ai pas osé les infliger au lecteur, et je les ai
supprimées.

Le P. Le Jay avait fait une étude attentive du
style de Sénèque le tragique. Il se sert avec une
certaine adresse des façons de dire de Sénèque.
C'est là tout son mérite comme auteur de tragédies. Il est poëte tragique comme les praticiens
sont sculpteurs, mécaniquement, par la mise aux
points, par des mesures de compas. Ses tragédies sont des ouvrages de pratique ; son style et
sa diction sentent la pratique plus encore : à
côté du Sénèque, on y trouve quelquefois ce
latin de tradition, ces formes prétendues latines, ces conventions de collége, qui sont à la
vraie langue romaine ce que les argots de mé-
tiers ou de corporations sont à la vraie langue
française.

Le *Josephus venditus* avait eu un grand succès. Ce succès engagea le P. Le Jay à mettre sa
pièce à la portée du vulgaire des lecteurs. Il la

traduisit en vers français; mais, avant de l'imprimer, il la fit représenter au collége, sous son nouveau costume. Un prologue chanté expliqua aux spectateurs pourquoi ils allaient voir une tragédie française, et non point une tragédie latine. Les personnages du prologue étaient Apollon, les Muses, les disciples d'Apollon. Vous ne vous attendiez guère à voir en scène Apollon et son cortége, à propos de la vente de Joseph par les fils de Jacob. Puis la tragédie s'ouvrait par un monologue. Le P. Le Jay est très-fort sur les monologues. Toujours Sénèque; mais Sénèque n'a jamais fait, que je me souvienne, monologuer un personnage endormi. Non-seulement Ruben, le personnage du P. Le Jay, est endormi, non-seulement il monologue, mais il dit quarante-deux vers, et quels vers! Écoutez un instant, cher lecteur :

Que faites-vous? hélas! De si noires fureurs
Auraient-elles banni la pitié de vos cœurs?
Non; je ne consens point à cette barbarie;
On ne peut à mes yeux t'arracher à la vie,
Infortuné Joseph. J'en atteste les cieux,
Moi seul j'arrêterai leurs transports furieux.
Ah! Le crime pour vous a-t-il donc tant de charmes?..
Mes frères, laissez-vous attendrir à mes larmes.

Permettez que Ruben embrasse vos genoux :
Que ma mort, s'il le faut, calme votre courroux.

Et le reste à l'avenant; et toute la tragédie de même. Je ne suis pas plus poëte que le P. Le Jay; mais je fournirais bien, si j'y étais condamné, du vin de pareil tonneau, et à raison de cinquante vers à l'heure, l'une compensant l'autre.

Les comédies du P. Le Jay ne sont pas plus des comédies que ses tragédies ne sont des tragédies. Il est vrai qu'il leur donne simplement le nom de *drames*, titre qui n'engage pas à grand'chose, quand on l'écrit en latin. Cependant je préfère de beaucoup ces drames, ou plutôt ces moralités dialoguées, aux prétendues tragédies. D'abord les pièces moins longues, n'ayant que trois actes : premier bénéfice; ensuite l'idée en est quelquefois ingénieuse, et, sans être fort gaies, elles sont presque supportables.

Le chef-d'œuvre dramatique du P. Le Jay, c'est *Damocles*, deux fois mis en scène à Louis-le-Grand, en 1695 et en 1702. Le P. Le Jay exécrait les philosophes. Vous ne serez donc pas trop surpris qu'il ait transformé en philosophe le courtisan du tyran Denys. Ce philosophe est plus remarquable par l'ampleur de sa barbe que par son bon sens. Il dit et répète sans cesse que les peuples ne seront jamais heureux, à moins que les rois ne deviennent philosophes, ou que les philosophes ne deviennent rois. « Eh bien! soit, dit Denys; règne donc à ma place. » Et Denys abdique, ou fait semblant d'abdiquer, en faveur de Damoclès; et voilà Damoclès roi de Syracuse. Tout va bientôt de mal en pis. Le peuple, ridiculement gouverné, se soulève contre le maître incapable, et rappelle l'ancien roi. Denys reprend l'autorité; Damoclès est dépouillé du manteau royal, et condamné à mort pour son impéritie et son outrecuidance. Mais Denys n'est pas le Denys de l'histoire : il est bon homme, et il aime à rire. Il se contente de la barbe de Damoclès, au lieu de sa tête. Damoclès tient à sa barbe presque autant qu'à la vie; et, quand Nicagoras paraît, armé d'un rasoir, il regimbe, il crie qu'il aime mieux mourir. Mais il est philosophe : c'est dire assez qu'il se résigne à vivre. Seulement il implore de n'être point rasé devant tout le monde. Denys lui accorde encore cette grâce. On passe, pour l'opérer, dans un ca-

binet voisin. Et cela prouve, selon le P. Le Jay,
que les philosophes ne sont et ne peuvent être
que des vantards, des sots et des poltrons.

Il n'en fallait pas tant pour transporter d'aise
un auditoire de Jésuites, et d'amis des Jésuites,
et d'enfants élevés par les Jésuites. La scène
finale surtout dut exciter des trépignements à
ébranler les murs du collège.

Qu'on se figure le patient assis de force sur
une chaise, et les satellites de Denys lui nouant la
serviette, et le courtisan Nicagoras, chargé des
fonctions de barbier, dégaînant sa trousse et
faisant reluire la lame fatale. « Dépêchons, »
dit Denys au barbier. *Rem perage, tonsor,
ocyus.* — « Le temps seulement de donner le fil
à mon rasoir, » répond Nicagoras. *Novaculam
Acuere liceat.* — Cris désespérés de Damoclès :
« Je n'endurerai pas cet affront ; on peut prendre
ma vie, on n'aura pas ma barbe. » *Non feram ;
lucem potes Adimere, barbam non potes.* Nicagoras. « Je n'y laisserai pas un poil. » *Jam ne
pilus Effugiat unus.* Denys. « En besogne, en
besogne. » *Age ergo.* Nicagoras. « Prête le
menton, cher philosophe. Eh ! eh ! tu fais des
façons ! » *Mentum commoda, Philosophe. Re-*

nuis! Damoclès. « O forfait abominable, forfait impie! etc. » *Facinus immane, impium*...

Tout ceci, le P. Le Jay l'a tiré de la boîte au gros sel; mais le succès de pareilles charges est infaillible. Les saltimbanques en savent quelque chose. Je me trouvais, il n'y a pas deux mois, dans une cohue de village, devant des tréteaux de foire. Un Nicagoras et un Nicoclès, en habits de pitres, jouèrent, par l'ordre du Denys de la baraque, les rôles du barbifiant bourreau et du barbifié victime. Ah! P. Le Jay! P. Le Jay! Bilboquet vous écrase. On n'applaudissait pas, on hurlait d'enthousiasme; on ne riait pas, on éclatait, on pâmait. Que n'avez-vous imaginé de lui faire couper aussi, à votre philosophe, le bout du nez, ou tout au moins un bout d'oreille, sauf à recoller le morceau à la façon de Bilboquet!

Damocles est en vers, comme on a pu le remarquer aux citations que je viens de faire, et aux majuscules initiales dont j'ai orné certains mots; et les vers de la pièce, comme on a pu le remarquer encore, sont dans la forme et dans le style de Sénèque, et ne rappellent nullement Térence ni Plaute. Les autres drames sont en

prose, *Abdolonimus, Curiositas multata, Philochrysus, Vota, Virtus et Fortuna*, sauf une
scène de ce dernier, que l'auteur a versifiée. La
prose comique du P. Le Jay n'est pas plus comique que ses vers, et ne vaut pas mieux.
Quant aux sujets, ils ne manquent pas, je le
répète, d'une espèce de mérite, celui de moralités ingénieuses. *Philochrysus*, par exemple,
c'est l'avare qui se corrige après avoir été volé,
et après avoir attrapé son voleur : autrement dit,
c'est la fable de *l'Enfouisseur et son Compère ;
la Curiosité punie*, c'est Gygès qui finit par
briser son anneau, parce qu'il a entendu, grâce
à son invisibilité, trop de choses qu'il lui eût
mieux valu ne pas entendre, et parce qu'il n'est
pas toujours bon de ne rien ignorer. Mais ce
mérite ne peut pas tenir lieu de l'absence de
tous les autres, l'action, les caractères, le style;
car je compte pour peu, ou même pour rien,
l'espèce d'esprit et les mots pour rire que le
P. Le Jay sert de temps en temps à ses auditeurs : ce n'est pas du sel d'Athènes, et c'est
encore moins du miel de l'Hymette.

Je n'ai rien dit de *Timandre*, pastorale en
vers français, par laquelle on avait célébré au

collége, en 1701, l'heureux avénement du duc
d'Anjou au trône d'Espagne. Je n'ai pas parlé
non plus des ballets et des intermèdes, en français aussi, que le P. Le Jay n'a pas dédaigné
d'insérer parmi ses œuvres. *Græca maluissem*,
disait un spirituel philologue, en citant une
phrase de patois français écrite par un homme
qui savait très-bien le grec. *Latina maluissem*,
dirai-je à mon tour, après avoir essayé de lire
les poésies françaises du P. Le Jay. Il fallait ses
pièces chantées et son *Timandre*, pour me réconcilier même avec *Eustachius martyr*.

Nous ne sommes encore qu'au milieu du volume, mais rassurez-vous : le reste ne nous arrê-
tera pas longtemps. La plupart des pièces qui
composent ce reste ne sont que les corrigés des
devoirs que le P. Le Jay avait fait faire dans
sa classe. C'est dire assez quel intérêt elles
peuvent avoir pour nous. Ou bien ce sont des
bluettes de circonstance, épigrammes, symboles,
inscriptions, énigmes, etc. Le P. Le Jay aimait
les épigrammes. Non-seulement il a écrit beaucoup d'épigrammes, mais il faisait faire des épigrammes à ses élèves; non-seulement il leur faisait
faire des épigrammes, mais il les faisait impri-

mer. J'ai tenu jadis en main un petit volume
publié par lui, durant son exercice ; et il n'y a,
dans ce volume, que des épigrammes, et ces
épigrammes, c'est l'ouvrage d'un seul trimestre
des meilleurs élèves de sa classe. J'ai eu la curiosité d'en transcrire le titre : *Epigrammata a
selectis rhetoribus edita mensibus januario,
februario, martio, anni 1703, in regio Ludovici
Magni collegio Societatis Jesu*; c'est-à-dire :
*Épigrammes composées dans les mois de jan-
vier, février et mars 1703, par l'élite des rhétoriciens du collége royal de Louis-le-Grand
de la Société de Jésus*. Ceci est, si je ne me
trompe, un trait de caractère. Le P. Le Jay
tenait avant tout à aiguiser l'esprit des jeunes
gens. C'était assurément les façonner au goût
du siècle ; mais qui dira que c'était remplir les
devoirs du prêtre ou du professeur? Sans doute
on lui sut gré dans le monde de ne pas se bor-
ner aux matières ordinaires des exercices poétiques ; et sa publication dut charmer l'amour-
propre des enfants et des familles. Mais des épigrammes sont toujours des épigrammes : elles
ont beau être sans fiel, et souvent même sans
sel ; c'est à tout autre chose qu'il faut occuper

dans les écoles ceux qui seront un jour des hommes.

Le chef-d'œuvre du P. Le Jay, c'est encore l'*Ode à sainte Geneviève*. Je ne rétracte point ce que j'ai dit de cette ode, à propos des débuts poétiques du jeune Arouet. Il est évident que le P. Le Jay est ému des malheurs de la France ; et sa confiance dans la protection de la patronne de Paris lui inspire des accents inaccoutumés. Mais le jeune Arouet est loin d'en avoir affaibli l'expression dans sa paraphrase. Que l'on compare en effet, avec ce que j'ai cité de l'imitation, la strophe correspondante de la pièce originale :

> Da litigantes mutua principes
> Nexu perenni fœdera sanciant :
>   Dudum exulantem redde Pacem,
>   Pacis opes, Genovefa, redde.

Il y a dans ces vers une certaine sécheresse de style, et la diction n'en est pas d'une parfaite pureté. Ajoutez que le P. Le Jay, poëte lyrique, copie aussi servilement les formes d'Horace, que le P. Le Jay, poëte tragique, celles de Sénèque. Est-ce à Le Jay, par exemple,

est-ce à Horace qu'il faut faire honneur de cette
heureuse peinture de l'abondance renaissante
après l'affreuse année 1709?

> Depulsa per te longius hinc lues
> Invisa cultis frugibus exulat :
>   Per te benigno larga cornu
>   Copia luxuriat per agros.

Il est par trop facile, avec ce procédé, de
parler, comme on disait alors, la langue des
dieux. La langue des dieux! voulez-vous savoir
ce qu'ils en font quelquefois, ces prétendus
poëtes latins qui s'approprient ainsi sans façon
les trouvailles du génie? Rappelez-vous la su-
blime exclamation de Nisus, au moment où Vols-
cens furieux s'apprête à frapper Euryale :

> Me, me, adsum, qui feci; in me convertite ferrum,
>   O Rutuli!

Lisez maintenant ceci; et dites si le P. Le Jay
comprend même ce qu'il dérobe à Virgile :

> Me me adsum qui feci, animam cruce perdere ab alta
> Depueram, etc.

C'est saint François d'Assise qui s'écrie ainsi,

en extase devant la croix, le jour où il reçoit les
stigmates. Mais ce qu'il dit n'appartient à aucune langue, et n'offre absolument aucun sens.
Il n'y a pas ici, comme dans Virgile, une
ellipse que l'esprit remplit à l'instant, ce verbe
sous-entendu, ou plutôt cette action énergiquement exprimée par le trouble et le désespoir de
Nisus : frapper, percer, tuer, punir ; le mot
n'importe guère. Rien n'explique *me me :* ce
n'est pas seulement le commencement d'une
phrase, c'est le commencement d'un alinéa.
Peut-être dira-t-on que *me me adsum qui feci*,
équivaut, dans l'idée du P. Le Jay, à *Ego, ego
adsum, qui feci*. A la bonne heure ! Mais ne nous
parlez plus du latin du P. Le Jay.

Avez-vous lu la *Déification du docteur Aris-
tarchus Masso*, une facétie contemporaine du
P. Le Jay et du P. Porée? Il y est question
d'eux, quoiqu'ils n'y soient point nommés. C'est
à eux que songeait particulièrement Mathanasius, dans l'apologue des cannes. Les poëtes
anciens sont des appuis, des bâtons, dont s'aident
les poëtes modernes pour escalader le Parnasse.
Mais une canne n'est qu'une canne, et ne suffit
point si l'on n'a pas le jarret ferme. Il ne faut

point s'appuyer sur la canne jusqu'à la faire
éclater. On donnerait du nez en terre, et on rou-
lerait au bas du mont. Il ne faut pas non plus
être hors d'état de marcher sans appui. Ceux
qui se servent toujours du bâton pour s'appuyer
perdent la vigueur naturelle de leurs jambes.
Otez-leur ce qui les aide, et ils tombent à plat.
« C'est ce que je me souviens, dit Mathanasius,
d'avoir en effet remarqué dans presque tous les
poëtes de collège. »

La prose française du P. Le Jay vaut mieux
que sa prose latine, que ses vers latins, surtout
que ses vers français. Le style de sa traduction
des *Antiquités romaines* est clair, coulant et
agréable. Cela se lit bien. Mais l'ouvrage pèche
ailleurs. L'abbé Bellenger, qui venait aussi de
traduire Denys d'Halicarnasse, n'eut pas de
peine à montrer que le P. Le Jay s'était fié
inconsidérément à la version latine d'Æmilius
Portus, et avait dit souvent autre chose que son
original. Le Denys d'Halicarnasse de l'abbé
Bellenger n'est pas la perfection, tant s'en faut ;
mais la haine est clairvoyante ; et les points
faibles signalés par le rival du P. Le Jay, dans
la lettre insérée au *Mercure* du mois de janvier

1723, étaient en effet très-vulnérables. Cependant le P. Le Jay ne se tint pas pour battu. Il répondit à l'attaque, mais en homme d'esprit, beaucoup plus qu'en savant sûr de sa cause. Il s'empare très-adroitement des éloges que lui a donnés son adversaire, pour les mettre en contradiction avec ses critiques ; il fait remarquer que l'écrivain du *Mercure* se trompe quelquefois dans ses citations ou dans ses explications ; enfin il se décharge sur son imprimeur de la plupart des mots qu'on lui impute à contre-sens. Tout cela est assez habile ; mais le P. Le Jay n'en sort pas moins très-meurtri de la lutte. Il fait à chaque instant des demi-aveux qui le condamnent ; et quelques-unes de ses justifications sont plus que pitoyables. Voici d'ailleurs de quoi nous édifier sur ses principes en fait d'érudition, et sur son érudition même. Il avait dit, dans sa dédicace au roi, en parlant de Denys d'Halicarnasse : « Sire, c'est le plus ancien auteur de l'histoire romaine ; » et son contradicteur lui avait rappelé le nom de Polybe, et la multitude des vieux historiens latins. Le P. Le Jay répond que Denys d'Halicarnasse a dit précisément ce qu'il dit lui-même, parce que l'auteur

des *Antiquités romaines* donne son livre comme
la première histoire exacte et complète du peuple
romain. Mais le P. Le Jay tenait encore plus,
j'imagine, à mettre de son côté les rieurs et les
amateurs d'esprit, qu'à convaincre les lecteurs
sérieux. La réponse à l'abbé Bellenger n'est
pas très-concluante; mais elle est souvent plaisante et spirituelle. Bouhours lui-même ne l'eût
point désavouée. Cet opuscule est imprimé sans
nom d'auteur; et le P. Le Jay ne l'a point
recueilli dans ses *OEuvres*. *Is fecit cui prodest.*:
le panégyriste a beau parler du P. Le Jay à la
troisième personne ; sa tendresse plus que paternelle pour la progéniture du P. Le Jay révèle à
chaque mot le cœur et la main du traducteur
des *Antiquités romaines.*

CHAPITRE VI

LE P. TOURNEMINE

A propos d'*Agésilas*. — Lettre du P. Tournemine sur *Mérope*. — Le *Journal de Trévoux*.— Importance du P. Tournemine dans sa Compagnie. — Querelle philosophique de Voltaire et du P. Tournemine. — Vengeances de Voltaire. — Le P. Tournemine et *Héraclius*. — Le *Sylla* du P. de La Rue. — Vie du P. Tournemine. — Son cartésianisme. — Son talent d'écrivain. — Ses dissertations littéraires. *Attila* et Boileau. — Érudition du P. Tournemine. — *Histoire des Étrennes*. — Cachet de Michel-Ange. — Ex-voto de Cocilia.

Un homme bien supérieur et au P. Le Jay et au P. Porée, c'est le P. Tournemine. On n'est point dans l'habitude de le compter parmi les maîtres de Voltaire. Mais Voltaire lui-même nous dit que le P. Tournemine a été un de ses maîtres. Ainsi, dans le *Commentaire sur Corneille*, après avoir cité quelques vers d'*Agésilas* où l'on retrouve encore, selon son expression, un reste

de Corneille, il ajoute : « Qu'il me soit permis
de dire ici que, dans mon enfance, le P. Tournemine, Jésuite, partisan outré de Corneille, et
ennemi de Racine, qu'il regardait comme Janséniste, me faisait remarquer ce morceau (le discours d'Agésilas à Lysander), qu'il préférait à
toutes les pièces de Racine. »

Il y a, en tête de *Mérope*, une lettre du
P. Tournemine au P. Brumoy, du 23 décembre 1738, où le P. Tournemine rappelle aussi
les années de collége du jeune Arouet. Cette
lettre est un complet panégyrique de *Mérope*.
Le P. Tournemine n'hésite point à égaler celui
qu'il nomme *notre illustre ami* au plus tragique
des poëtes de l'antiquité. Il reconnaît, dans *Mérope*, la simplicité, le naturel et le pathétique
d'Euripide. La lettre se termine comme il suit :
« Voilà, mon R. P., le jugement que votre
illustre ami demande. Je l'ai écrit à la hâte,
c'est une preuve de ma déférence ; mais l'amitié
paternelle qui m'attache à lui depuis son enfance
ne m'a point aveuglé. »

Ce n'est point comme professeur que le
P. Tournemine donnait des leçons de belles-
lettres au jeune Arouet. Le P. Tournemine ha-

bitait Louis-le-Grand, mais il n'y faisait point de classe. C'est lui qui dirigeait les *Mémoires pour l'Histoire des Sciences et des Beaux-Arts*, revue mensuelle fondée en 1701 par les Jésuites. Cette revue est ce qu'on appelait vulgairement *Mémoires de Trévoux* ou *Journal de Trévoux*, parce que c'est à Trévoux qu'elle s'imprima durant les premières années. Ces importantes fonctions donnaient naturellement au P. Tournemine, dans le collége, l'autorité d'un modérateur littéraire. Il n'est nullement étrange qu'on lui permît de s'immiscer à sa guise dans l'éducation des meilleurs sujets, ne fût-ce que par respect pour ses talents et sa réputation, et à titre de représentant des bons principes. Conférences, examens, séances académiques, le P. Tournemine mettait tout à profit, inculquant aux jeunes-gens ce qu'il regardait comme les vrais principes du bon goût en littérature, et surtout son admiration passionnée pour les œuvres du grand Corneille; et voilà comment il connut et aima Voltaire dès l'enfance.

Quelques années avant l'éloge de *Mérope*, ils avaient eu, Voltaire et lui, une petite querelle philosophique, au sujet de divers points touchés dans les fameuses *Lettres* sur Pascal, Locke et Newton. Le P. Tournemine faisait ses réserves, comme les journalistes de Trévoux, au nom de l'orthodoxie, contre des opinions mal sonnantes. Voltaire lui écrivit à trois reprises, en 1735, pour le réconcilier même avec l'étrange paradoxe de Locke, qu'il n'est pas impossible que Dieu ait donné à la matière la faculté de penser. L'apologie est faible ; mais le P. Tournemine voulut bien avoir l'air de s'en contenter : il continua du moins à voir un ami dans Voltaire ; et la lettre au P. Brumoy en est assurément la preuve. Aussi bien Voltaire n'avait-il rien oublié de ce qui pouvait lui rendre son juge favorable. On ne saurait être ni plus agréablement louangeur, ni plus modestement soumis : c'est le ton d'un disciple plein de tendresse, d'admiration et de déférence (1). Mais Voltaire se vengea plus tard, malgré les éloges décernés avec tant d'abandon à *Mérope* et à son auteur.

Première vengeance : le nom du P. Tournemine est omis dans la liste des écrivains du siècle

---

(1) Ces lettres au P. Tournemine font partie des *Mélanges littéraires.*

de Louis XIV. Il est vrai que, dans une note du
récit, nous lisons ces paroles : « On proposa
pour confesseur à Louis XIV Le Tellier et Tournemine. Tournemine, littérateur assez savant,
pensait avec autant de liberté et avait aussi peu
de fanatisme qu'il était possible à un Jésuite. Mais il était d'une naissance illustre, et
Louis XIV ne voulut pas d'un confesseur fait
pour aspirer aux premières places de l'Église
et de l'État : il craignait d'ailleurs l'ambition de
sa famille (1). » N'importe ; l'oubli de Voltaire
est au moins singulier ; et la façon dont il caractérise en plusieurs endroits le P. Tournemine,
montre trop qu'il lui gardait rancune.

Il alla jusqu'à faire entendre que le P. Tournemine n'avait jamais été qu'un sot. « Le
P. Tournemine, qu'on cite, écrit-il à Duclos,
et qu'on a tort de citer, était connu chez les
Jésuites par ces deux petits vers :

> C'est notre père Tournemine,
> Qui croit tout ce qu'il imagine (2). »

---

(1) *Siècle de Louis XIV*, chapitre xxxvii.
(2) *Correspondance générale*, lettre du 7 juin 1762.

Et notez qu'il s'agit de savoir si Corneille a menti, en proclamant son *Héraclius* un original dont il s'est fait depuis de belles copies. Le P. Tournemine n'avait rien imaginé : il s'était borné jadis à faire venir d'Espagne des preuves qui mettaient à l'abri l'honneur de Corneille, et d'établir que la pièce française était antérieure à celle de Calderon.

Une autre fois, à propos du *Sylla* du P. de La Rue, qu'on avait essayé de donner sous le nom de Corneille, Voltaire frappe non moins durement sur l'infortuné panégyriste de *Mérope*. « Cette tragédie, écrit-il au duc de Richelieu, est véritablement d'un écolier, puisque le Jésuite La Rue, qui en est l'auteur, et qui a tant prêché devant Louis XIV, n'a jamais été au fond qu'un écolier de rhétorique. J'avais vu cette pièce, il y a environ soixante et cinq ans. Je me souviens même de quelques vers. Je me souviens surtout qu'il .y avait trois femmes qui venaient assassiner le dictateur perpétuel : il les renvoyait coudre, ou faire quelque chose de mieux. Comme la pièce était remplie de deux choses que La Couture, le fou de Louis XIV, n'aimait point, *le brailler* et *le raisonner*, le

P. Tournemine, mauvais raisonneur et très-ampoulé personnage, mit en titre de sa copie, *Sylla,
tragédie digne de Corneille*. Un autre Jésuite,
qui avait plus de goût, effaça *digne*. C'est en
cet état qu'elle est parvenue aux héritiers d'un
héritier de Dumoulin ; et c'est ce chef-d'œuvre
qui a extasié votre Parlement de la Comédie.
Mon héros, qui a plus de goût que ces sénateurs,
ne s'est pas mépris comme eux (1). »

Si l'historiette n'est pas vraie, elle n'est pas
non plus des mieux trouvées. En tout cas le
P. Tournemine ne méritait ni l'une ni l'autre
des deux épithètes dont l'affuble ici Voltaire.
On peut se tromper de bonne foi sur la valeur
des œuvres d'un ami ; et Voltaire a applaudi
plus d'une tragédie qui ne valait pas mieux que
le *Sylla* du P. de La Rue. Il recommande à
Richelieu, dans cette lettre-là même, sa *Sopho-
nisbe* et ses *Lois de Minos!* Il est vrai que Voltaire était plus encore que l'ami de Voltaire.
Mais la querelle de 1735 donne le vrai sens des
deux épithètes. Mauvais raisonneur ; traduisez :
anti-lockien. Très-ampoulé personnage ; tradui-

_____

(1) *Correspondance générale*, lettre du 2 décembre 1772.

sez : admirateur passionné de Corneille. Le
P. Tournemine raisonnait en général très-bien ;
il n'était nullement ampoulé, ni dans sa personne
ni dans son style ; et les deux vers burlesques
du collége font foi au moins de sa naïveté. Mais
il était mort depuis plus de trente ans quand
Voltaire le traitait avec cette aimable courtoisie;
et pourquoi aussi s'était-il avisé de deviner
qu'en prenant Locke pour un grand philosophe,
on prenait le Pirée pour un homme ?

Quelques mots sur la vie et les travaux du
P. Tournemine; et l'on verra qu'il méritait au
moins des égards, et que son nom n'eût pas dé-
paré une liste où se trouvent, avec le nom du
P. Porée, ceux d'une foule d'écrivains aujour-
d'hui parfaitement inconnus.

René-Joseph Tournemine naquit à Rennes en
1661, d'une ancienne et noble famille bretonne.
Il était fils aîné de Jean-Joseph Tournemine,
baron de Camsillon, seigneur du Bois-au-Voyer
et autres lieux, et de Marie de Coëtlogon, fille
de René de Coëtlogon, lieutenant du roi dans
la Haute-Bretagne. C'est donc une vocation véritable qui l'avait porté à embrasser la vie pé-
nible des Jésuites. Il entra dans la Société à

l'âge de dix-neuf ans, et il professa successive-
ment, dans divers colléges de province, les
humanités, la philosophie et la théologie. Il
avait quarante ans, et il jouissait déjà d'une
grande réputation de savoir et de talent, quand
ses supérieurs l'appelèrent à Paris pour lui donner la direction des *Mémoires de Trévoux* : la
revue n'avait pas encore une année d'existence.
Le P. Tournemine était bien l'homme qui convenait à une pareille œuvre. Son caractère était
ferme et tenace, son esprit très-éclairé et son
cœur excellent. Aucun genre de connaissances
ne lui était étranger. Il était bon littérateur, bon
humaniste, bon archéologue, bon connaisseur en
fait d'objets d'art. Son érudition grecque, latine,
hébraïque même, était immense. Il s'entendait
passablement aux plus abstruses questions des
mathématiques et de la physique : seulement il
resta jusqu'au bout, en physique, un peu plus
cartésien que de raison. En philosophie, au contraire, il n'était pas assez cartésien. C'est lui qui
publia, en 1712, la première édition du *Traité
de l'Existence de Dieu* de Fénelon, dont une
copie était tombée entre ses mains ; et la préface
qu'il y mit ne satisfit point l'archevêque de Cam-

brai. L'éditeur reprochait à Fénelon d'appuyer
quelquefois ses démonstrations métaphysiques
sur des opinions nouvelles, sur des principes
contestés et contestables, surtout dans ce qui
est relatif aux idées, à la raison, et à la preuve de
l'existence de Dieu par l'idée même de Dieu que
nous portons en nous. Cependant le P. Tournemine est un spiritualiste déclaré, et la philosophie est autre chose à ses yeux qu'une humble
servante de la théologie. Sa théologie, à son
tour, est large et haute, conforme aux grandes
traditions, et reflétant la pure doctrine des Pères
de l'Église et des vrais docteurs.

Les *Mémoires de Trévoux* ne tardèrent pas à
occuper, grâce à ses soins et aux morceaux dont
il les enrichissait lui-même, une place considérable dans ce qu'on nommait la république des
lettres. Les livres y sont jugés en eux-mêmes,
pour leur valeur propre, sans prévention, sans
préjugé, et, en général, avec une impartialité
remarquable. Les questions de science et d'érudition y sont traitées nettement, sobrement, et
en très-bon style. Les Aristarques de Trévoux,
malgré leur querelle avec Boileau, et malgré
quelques défaillances, n'étaient pas trop indi-

gnes en réalité du beau nom que leur donne ironiquement le poëte. La collection des *Mémoires
pour l'Histoire des Sciences et des Beaux-
Arts* est encore précieuse aujourd'hui, et, de
toutes les collections de ce genre, celle peut-
être d'où l'on peut tirer le plus de choses intéressantes ou utiles. C'est au P. Tournemine
qu'en doit revenir la gloire. Il dirigea la publication pendant près de dix-neuf ans ; et,
quand il eut quitté le collége, en 1718, pour
passer à la maison professe en qualité de bibliothécaire, il continua d'y travailler. La vieillesse
ne lui avait point ôté son talent. Peu de temps
avant sa mort, arrivée dans les premiers mois
de 1739, il écrivait encore des choses charmantes. Sa lettre sur *Mérope* est du 23 décembre 1738 ; et c'est en 1738 aussi qu'il avait
donné à l'abbé Granet sa *Défense de Corneille,*
le plus vif et le plus piquant de ses ouvrages.

Les *Mémoires de Trévoux* avaient fait de
Tournemine un homme très-célèbre. « Ce travail, dit le continuateur du barnabite Niceron,
le mit bientôt en correspondance avec tout ce
qu'il y avait de savants de quelque renom en
Europe. La manière dont il soutenait ce com-

merce ajoutait à sa réputation; et ses lettres,
qui étaient souvent des espèces de traités, re-
doublaient l'estime que ses autres écrits avaient
déjà inspirée pour sa personne. » Mais, à force
d'éparpiller son attention et ses études sur tous
les sujets, cet homme si savant et si bien doué
finit peu à peu par devenir incapable d'écrire
autre chose que des articles. Il avait publié, à
plusieurs reprises, surtout dans les premiers
temps de sa vie de journaliste, des projets de
livres qu'il comptait accomplir un jour, entre
autres celui d'un traité sur l'origine des fables.
Mais la vieillesse arriva, puis enfin la mort; et
le P. Tournemine ne laissait aucun monument
vraiment digne de sa renommée, et sa gloire
viagère disparaissait avec lui. Le P. Tournemine est un de ceux qui eussent pu écrire des
chefs-d'œuvre, et dont les journaux ont séché la
séve et atrophié les fruits. Il avait la science et
le talent; il exposait ses idées avec lucidité,
avec vivacité, et il savait donner de l'intérêt,
de la grâce même, aux plus arides discussions.
Son style est aisé et naturel, élevé sans em-
phase, nerveux sans rudesse; c'est le vrai style
du savant et du philosophe, avec une pointe

agréable d'originalité bretonne. Mais il s'occupa trop des idées d'autrui. Il aimait mieux laisser vaguer çà et là son intelligence, que de concentrer longtemps, patiemment, obstinément, son attention sur le même objet. « Je sais, lui dit Voltaire dans sa première lettre, que vous êtes un peu paresseux d'écrire ; mais vous ne l'êtes ni de penser ni de rendre service. » Ces mots peignent à merveille l'esprit et le caractère du P. Tournemine. Ils disent aussi pourquoi le P. Tournemine n'a pas fait des chefs-d'œuvre.

Le continuateur du P. Niceron énumère cinquante-deux opuscules, mémoires ou articles, signés ou avoués par le P. Tournemine, et presque tous imprimés dans la *Revue des Jésuites.* Je ne les ai pas tous lus, tant s'en faut ; mais j'ai lu les principaux, et je les ai lus pour la plupart avec grand plaisir. J'en ai même fait quelques extraits, pour appuyer sur des preuves oculaires une opinion qu'on eût sans doute taxée d'exagération bienveillante.

Commençons par la littérature. Quand Brossette publia, en 1717, les œuvres complètes de Boileau, accompagnées de ses commentaires, cette édition fut annoncée avec éclat dans les

Mémoires de Trévoux, par deux articles simultanés du P. Tournemine, l'un en l'honneur du poëte, l'autre en l'honneur du commentateur. Un troisième article suivait immédiatement, et contenait les réserves du critique, au moins sur certains faits relatifs à Corneille, et sur la manière impertinente dont Boileau parle des dernières productions dramatiques de l'auteur de *Cinna*. Le P. Tournemine prouve, contre Brossette, que Boileau n'a jamais eu à faire rétablir la pension de Corneille, puisque cette pension n'avait jamais été supprimée; il affirme que c'est aux sollicitations du P. de La Chaise, et non à celles de Boileau, que Corneille dut les deux cents louis qu'il reçut, quelques jours avant sa mort, de la munificence du roi; enfin il proteste avec énergie contre les faux jugements et les mauvaises plaisanteries de Boileau. Voici, par exemple, ce qu'il dit au sujet d'*Attila :* « Qu'on se garde de juger de l'*Attila* de Corneille par une épigramme assez fade du poëte satirique, et par une note où le commentateur a prononcé que la décadence de l'esprit de Corneille se fait sentir dans cette pièce, qu'assurément il n'a pas lue. Qu'on la lise, et on y reconnaîtra l'auteur

d'*Héraclius* et de *Nicomède;* on y reconnaîtra
Attila; on y admirera cette force de politique et
de raisonnement qui distingue toujours Corneille; on y trouvera des caractères nouveaux,
grands, soutenus; le déclin de l'empire romain,
les commencements de l'empire français, peints
d'une grande manière et mis en contraste; une
intrigue conduite avec art, des situations intéressantes, des vers aussi heureux et plus tra-
vaillés que dans les plus belles pièces de Corneille. On apprendra enfin à se défier de la
critique de Boileau (1). » J'ai lu *Attila*, et je n'ai
pas toujours admiré : pourtant le P. Tournemine
au fond a raison; et j'aimerais mieux avoir fait
les deux vers sublimes par lesquels le roi des
Huns s'annonce d'abord, que toutes les épigrammes de Boileau et que les trois quarts de
ses satires. C'est cet article que le P. Tournemine remania et développa depuis, et que l'abbé
Granet imprima, en 1738, en tête des œuvres
de Pierre Corneille.

L'érudition du P. Tournemine se déride et
sourit quelquefois. Ainsi, au mois de janvier 1704,

---

(1) *Mémoires de Trévoux*, mai 1717.

il adresse pour étrenne au prince de Dombes,
c'est-à-dire à M. le duc du Maine, seigneur souverain de Trévoux, une *Histoire des Étrennes.*
Cette agréable petite dissertation se termine par
quelques mots qu'il n'est peut-être pas inutile
de rappeler aujourd'hui, et qui prouvent bien
ce que dit Voltaire de la liberté d'esprit du
P. Tournemine. « Les étrennes jointes à des
sacrifices étaient véritablement *diaboliques.* Pour
les étrennes dégagées de toute superstition, quel
mal de les conserver? Bientôt les hérétiques,
ennemis des cérémonies, et certains catholiques
bizarrement scrupuleux, défendront qu'on dise
bonjour et bonsoir, parce que les païens en
usaient ainsi. Ils verront, dans cette manière de
parler, quelque rapport à la superstition des
jours heureux et malheureux. »

Je voudrais pouvoir transcrire la description
et l'explication de la fameuse intaille connue
sous le nom de cachet de Michel-Ange. Mais on
la trouvera dans les *Mémoires de Trévoux,* au
mois de février 1710. C'est un morceau très-
intéressant, et presque parfait en son genre.
Lisez aussi, dans un des cahiers de 1716, l'essai
critique sur l'*ex-voto* de Cocilia. Le P. Tourne-

mine y abuse de sa connaissance du bas-breton,
et il restitue mal le mot dont la fin seule, MONAE,
est restée sur la pierre. Nous savons que la
déesse qu'on adorait aux Thermes d'Apollon
Borvo ne se nommait point *Tomona,* mais
Damona. Nous sommes en état de relever l'erreur du P. Tournemine, ou, pour parler exactement, de rectifier sa conjecture. Le beau mérite
à nous! On a trouvé à Bourbonne, en 1834,
l'*ex-voto* d'un Lingon, où le nom de la déesse
est intact. Cette inscription, que j'ai vue de mes
yeux, et que les savants de nos jours ont com-
mentée, est sur une plaque de marbre blanc, et
aussi belle, aussi parfaitement gravée que celle
de Cocilia est fruste et grossière. Ni M. Gautier,
qui publiait en 1716 l'*ex-voto* de Cocilia, ni le
P. Tournemine, qui cherchait à déterminer l'importance de la trouvaille de M. Gautier, n'étaient
tenus de deviner ce que nous a révélé un hasard
heureux.

LE P. THOULIER (L'ABBÉ D'OLIVET)

On ne saurait que féliciter le jeune Arouet d'avoir reçu, au collége, les conseils, les encouragements, les critiques d'un homme tel que le P. Tournemine. Pourtant j'ai peur que l'excessive admiration du P. Tournemine, non-seulement pour *le Cid* et *Polyeucte,* mais pour *Agésilas* et pour *Attila,* n'ait fait grand tort à Corneille dans la pensée de Voltaire, surtout après que Voltaire eut eu maille à partir avec

l'adversaire de Locke, et bien plus encore quand
Voltaire se fut figuré que le P. Tournemine méritait le renom que lui avaient fait jadis les
plaisants du collége.

Je ne suis pas très-surpris que les biographes
de Voltaire oublient de mentionner le P. Tournemine, dans le récit des premières années de
leur héros. Mais ce qui me passe vraiment,
c'est qu'ils ne nomment point non plus le P.
Thoulier, ce Jésuite qui fut depuis l'abbé d'Olivet,
et avec qui Voltaire entretint jusqu'au bout un
affectueux commerce. Ne vous figurez pas que
le P. Thoulier ne fût qu'un novice, un préfet
quelconque, au temps où nous l'avons vu gre-
lottant, devant un méchant feu, avec l'enfant
qui fut Voltaire. En 1709, le P. Thoulier était
déjà tout ce que fut l'abbé d'Olivet, un bon
écrivain, un latiniste consommé. Il avait vingt-
sept ans ; il était depuis dix ans dans la Compagnie. Le chanoine Maucroix, à Reims, l'avait
aimé comme un fils, et lui avait légué ses pa-
piers. Le vieux Huet, l'hôte de la maison professe, ne l'aimait pas moins tendrement, et ne
voyait que par ses yeux. C'est le P. Thoulier
qui devait aussi publier les ouvrages posthumes

de l'ancien évêque d'Avranches. Le P. Thoulier, plongé dans les livres, pâlissant sur Cicéron, corrigeant les épreuves de l'octogénaire Huet, remaniant les traductions de Maucroix, s'essayant à en faire de pareilles et de meilleures, n'était pas très à plaindre, dans un poste plus que subalterne, dès qu'il travaillait à son aise. Quand les Jésuites voulurent faire de lui quelque chose, il les quitta, et rentra dans le monde. Plusieurs années après 1709, le P. Thoulier était encore simple préfet, aidant ses pupilles dans leurs thèmes, et émondant solécismes et barbarismes.

C'est la passion des belles-lettres qui l'avait attiré vers l'institut de saint Ignace. M. Thoulier d'Olivet, son père, conseiller au Parlement de Besançon, n'aimait pas les Jésuites, et voulait faire de lui un magistrat. Il obtint, à force de persévérance, l'assentiment de sa famille. Les Jésuites, l'employèrent au collége de Reims, puis à celui de Dijon, puis à Louis-le-Grand.

En 1710, il publia, sous le titre d'*OEuvres posthumes de M. de Maucroix*, les traductions du chanoine, amendées par lui, et les siennes propres, mêlées parmi celles du chanoine. Cette publication fit du bruit. On ne tarda pas à savoir que l'honneur du succès ne revenait pas tout entier à feu Maucroix. Les Jésuites commencèrent à se douter que leur petit préfet était un maître homme. Le P. Le Tellier lui-même témoigna sa satisfaction au jeune Jésuite. La gloire de l'éditeur de Maucroix franchit les murs du collége et les limites du monde scolaire. D'illustres personnages, Boileau, La Monnoye et autres, voulurent voir le P. Thoulier. Boileau mourut l'année suivante : cependant le jeune Jésuite était entré fort avant dans son amitié. C'est lui qui obtint de Boileau qu'il vît le P. Le Tellier, malgré ses répugnances ; et cette entremise opéra la réconciliation du satirique avec le confesseur du roi.

La vocation du P. Thoulier au métier de traducteur était manifeste ; et lui-même s'y sentait porté comme par un instinct irrésistible. Il renonça dès lors à la poésie latine, et à cette futile littérature de collége où il eût pu briller à l'égal de ses plus fameux confrères, comme le prouve le peu qu'il a consenti à imprimer de ses vers latins et de ses exercices de prosateur cicéronien. C'est lui-même qui nous apprend, dans une lettre latine à son frère Anatole, conseiller au Parlement de Besançon, qu'il a fait, dans sa jeunesse, des vers en quantité innombrable, mais que la raison lui a montré de bonne heure la sagesse et la profonde vérité de ces paroles de Muret : « Faire de mauvais vers est chose honteuse ; en faire de médiocres, chose sans gloire ; et en faire de bons, c'est chose trop difficile, et particulièrement impraticable à ceux qui ne sont pas poëtes, absolument et uniquement poëtes. » Il se livra donc tout entier à son Cicéron, et il commença son beau travail sur le traité *de la Nature des Dieux*.

Ce n'était pas tout à fait le compte de la Compagnie. On savait qu'il avait du talent pour écrire, et qu'il aimait l'étude : on jeta les yeux sur lui pour la rédaction de l'histoire littéraire des Jésuites.

Il obéit d'abord, et il se plongea dans l'immense océan où se fût noyée sa vie entière. Il alla même à Rome, en 1713, auprès du P. Jouvency, pour fouiller les archives et les bibliothèques, et pour prendre avis des chefs de l'Ordre et de ses savants les plus accrédités. Mais il s'effraya ou plutôt il se dégoûta de sa tâche ; il s'en débarrassa en quittant complétement la Société, et il ne fut plus connu, à partir de 1715, que sous le nom d'abbé d'Olivet.

Il entra à l'Académie française en 1723, peu de temps après avoir publié sa traduction du traité *de la Nature des Dieux*. Il joua bien vite, dans l'Académie, un rôle considérable. Il devint le grand arbitre des contestations grammaticales, et il se porta pour continuateur de l'historien Pellisson. Quand il mourut en 1768, à quatre-vingt-six ans, il n'avait rien perdu de son auto-rité, et il était encore l'oracle de l'Académie. D'Alembert, qui le détestait, est presque forcé de convenir de ses mérites ; mais il s'en venge sur son caractère : « C'était un passable acadé-micien, mais un bien mauvais confrère, qui haïssait tout le monde, et qui, entre nous, ne vous aimait pas plus qu'un autre. »

Voilà comment d'Alembert parle à Voltaire de son vieux pédagogue qui vient de mourir (1) ; et il prétend que les mânes de l'abbé d'Olivet doivent bien de la reconnaissance à l'auteur du *Siècle de Louis XIV*, d'avoir placé le nom de d'Olivet dans son ouvrage. Voltaire l'y avait placé

_____

(1) Lettre du 12 novembre 1768.

même vivant; et l'abbé d'Olivet avait tous les titres à cette distinction glorieuse. Voltaire la lui a décernée, ce sont ses expressions, à raison de son âge et de son mérite. La notice sur d'Olivet est même une des plus détaillées et des plus intéressantes du catalogue; et elle justifie pleinement un honneur que d'Olivet partageait d'ailleurs avec le président Hénault, homme bien inférieur à lui. L'*Histoire de l'Académie française* suffirait à elle seule pour assurer à d'Olivet une renommée durable. Elle n'a qu'un défaut, c'est d'être la suite d'un autre ouvrage. La réputation du livre de Pellisson a fait tort au livre de l'abbé d'Olivet. Voltaire n'hésite point à mettre le livre de l'abbé d'Olivet sur la même ligne que celui de Pellisson, qui passait pour un chef-d'œuvre. Ajoutez que la période dont l'abbé d'Olivet a raconté l'histoire est la plus belle et la plus florissante époque des fastes de l'Académie, et que les académiciens dont il a rédigé les notices sont pour la plupart au nombre des grands génies et des hommes de talent qui ont illustré le siècle de Louis XIV. Pellisson s'était arrêté à 1652, quand l'Académie ne comptait pas encore vingt années d'existence

9

officielle, et n'avait encore perdu que des membres plus ou moins obscurs. L'abbé d'Olivet a
poussé le récit depuis 1652 jusqu'en 1700 ; et il
a eu à parler de Racan, de Pierre Corneille, de
La Fontaine, de La Bruyère, de Racine, en un
mot de tous les académiciens morts durant ce
prodigieux demi-siècle. Il a même anticipé sur
le siècle suivant, en joignant à ses notices les
belles pages qu'il avait jadis consacrées à Huet,
le dévoué protecteur de ses débuts littéraires.
L'historien se borne, il est vrai, pour ce qui
concerne Corneille, à transcrire la spirituelle *Vie*
écrite par Fontenelle ; mais partout ailleurs il
est lui-même, et toujours à la hauteur du sujet,
et, malgré tant de travaux où ces noms et ces
choses ont été remués depuis, toujours digne
d'être lu. Mais songe-t-on à le lire? Je n'en
sais rien. On ne le cite guère. Je croirais pourtant qu'il n'est pas tout à fait oublié. On ne le
cite pas, mais on le copie et on le pille : il y a
pire gloire ; et le volé, en parcilles matières, finit
tôt ou tard par avoir raison des voleurs. D'O-
livet vivra encore, au moins pour les gens instruits, quand tels grands critiques que nous ad-
mirons seront devenus des ombres. Que dis-je?

il a déjà enterré, depuis sa mort, trois ou quatre générations d'aristarques.

Voltaire caractérise très-convenablement les travaux de d'Olivet érudit : « Nous lui devons, dit-il, les traductions les plus élégantes et les plus fidèles des ouvrages philosophiques de Cicéron, enrichies de remarques judicieuses. Toutes les œuvres de Cicéron, imprimées par ses soins et ornées de ses remarques, sont un beau monument qui prouve que la lecture des anciens n'est point abandonnée dans ce siècle. » Mais ce qui achève l'éloge, c'est ce dernier témoignage, qui n'est que vrai : « Il a parlé sa langue avec la même pureté que Cicéron parlait la sienne; et il a rendu service à la grammaire française par les observations les plus fines et les plus exactes. »

Tout cela ne prouve pas que l'abbé d'Olivet ait été un homme de génie; et je ne dis point qu'il ait été un homme de génie. Il y a trois grandes qualités sans lesquelles on n'atteint jamais qu'au talent : une imagination puissante et féconde, l'art de coordonner de vastes constructions, la verve dans l'expression des idées. L'abbé d'Olivet n'a que les qualités secondaires,

mais il les a au plus haut degré. Connaissez-
vous beaucoup d'hommes, parmi les écrivains
de talent, dont on puisse dire sans flatterie ce
que Voltaire dit avec vérité du vieux Mentor de
son enfance? Diriez-vous, par exemple, que les
traductions de d'Alembert sont excellentes, et
que d'Alembert a parlé sa langue dans la perfection, et que les notices académiques de d'Alembert valent celles de d'Olivet? Le correspondant
de Voltaire eût donc pu, ce me semble, se servir
de termes un peu moins méprisants, pour qua-
lifier son défunt confrère.

Les traductions de l'abbé d'Olivet sont classiques, encore aujourd'hui. Elles ont été définitives, autant que des traductions peuvent être
définitives. C'est dire assez qu'elles ont à peu
près toute la perfection que comporte le genre.
J'accorderai, si l'on veut, que l'Académie française a été un peu pressée d'élire un homme qui
même ne s'était pas mis sur les rangs, parce
que cet homme venait de rendre en très-bon et
très-beau français le traité *de la Nature des
Dieux*. Pourtant ne jugeons pas du siècle de
d'Olivet par le nôtre. Les traducteurs, aujour-
d'hui, sont méprisés. Est-ce à tort, est-ce à

raison ? il ne m'importe guère. Je note seulement
le fait. Les beaux-esprits les considèrent comme
des pédants, ou tout au plus comme des manœu-
vres littéraires ; et les savants taxent leurs travaux, bons ou mauvais, d'exercices frivoles et
de jeux d'enfants, même quand il s'agit de textes
que les savants n'entendraient pas sans l'énorme
labeur qu'ont affronté, pour les leur éclaircir, ces
petits garçons dédaignés. Autrefois, il n'en était
pas ainsi. Maucroix devenait illustre, non point
parce qu'il était un charmant esprit, et qu'il
écrivait d'assez jolis vers et des lettres délicieuses,
mais parce qu'il avait mis passablement en
français quelques centaines de pages grecques
ou latines. L'abbé Gédoyn entrait à l'Académie
française en 1719, pour avoir donné non pas
même une traduction, mais un abrégé lisible de
l'*Institution oratoire*. Toute copie passable de
quelque bel original antique était fêtée comme
une conquête de l'esprit français sur les domaines
de Rome et de la Grèce. Ne nous étonnons donc
pas que l'œuvre de l'interprète de Cicéron ait
été accueillie par le monde lettré avec une admiration et des applaudissements unanimes. Cicéron y respirait et y reluisait presque tout entier,

presque dans tout son éclat; et il parlait, dans
la prose brillante et ferme de l'abbé d'Olivet,
un langage digne de Rome et digne de lui.
L'homme qui le faisait ainsi parler n'était pas
un Cicéron ; non certes ! Mais était-il besoin
d'être un Cicéron, pour mériter de s'asseoir à
côté d'un Quintilien comme l'abbé Gédoyn?

Les idées grammaticales ou prosodiques de
l'abbé d'Olivet n'ont pas toutes fait fortune. Il y
a néanmoins, dans ses opuscules et dans sa *Prosodie française*, une foule d'observations dont
les grammairiens postérieurs ont tiré largement
profit. Notez, par exemple, que c'est l'abbé d'O-
livet qui a fixé la théorie des participes, et résolu
définitivement toutes les questions d'accord ou
de non accord, que nous voyons pendantes dans
l'usage des écrivains du dix-septième siècle.
Quant aux remarques de l'abbé d'Olivet sur
Racine, il y a aussi à prendre et à laisser. Le
grammairien est trop grammairien. Les poëtes
ne se mesurent pas bien avec la toise exacte.
La poésie est la poésie, et, pour être telle, elle a
besoin d'avoir ses licences. Ne les lui marchan-
dons pas. Sa vraie règle, c'est le goût, ce n'est
pas la grammaire ; ou plutôt c'est cette gram-

maire supérieure qui consacre, dans ses larges
exceptions , toutes les hardiesses heureuses ,
toutes ces créations du génie que ne prévoit point
et que n'a point à prévoir la loi vulgaire du
langage des simples mortels.

Restent les reproches adressés par d'Alembert
au caractère de l'abbé d'Olivet. Je distingue.
Dans un homme qui vit quatre-vingt-six ans, il
y a plusieurs hommes. Il y a eu d'abord le P.
Thoulier, puis l'abbé d'Olivet d'avant soixante
ans, puis l'abbé d'Olivet vieillard. Le P. Thoulier n'était pas seulement un jeune homme très-
capable et très-instruit : il était simple et modeste; sa fortune, jusqu'en 1712, le prouve assez; et il était aimable, puisqu'il savait se faire
aimer, même de gens qui n'aimaient guère, ou
qui avaient passé l'âge où on aime à aimer. Je
ne parle pas de Maucroix : celui-là fut jusqu'au
bout une bonne et tendre âme; mais conquérir
l'affection d'un Huet, d'un La Monnoye, d'un
Boileau, d'un Le Tellier! c'est un miracle que
n'eussent point accompli tous les talents du
monde, s'il n'y eût que des talents. Et qu'on ne
dise pas que j'abuse des mots : il s'agit d'affection, et non pas simplement d'estime. Voyez

M. d'Avranches. Dès 1709, il prend le P.
Thoulier pour réviseur de ses poésies; un peu
plus tard, il lui lègue son testament philosophique; un peu plus tard encore, il lui confie ses
Mémoires. Si ce ne sont pas là de signalés témoignages d'affection, j'ignore ce qu'on entend
par ce terme. On me passe donc au moins le
P. Thoulier.

L'abbé d'Olivet avait quarante et un ans
quand il fut élu membre de l'Académie française. Au moment de l'élection, il était absent
de Paris; il n'avait point fait de visites, et la
proposition d'une candidature était venue le surprendre dans sa famille, à Salins, où il était allé
respirer l'air natal pour rétablir sa santé altérée. Ses amis arrangèrent tout à souhait, et le
firent triompher malgré son absence. Il avait
donc des amis. Les aimait-il? nous devons le
croire. Dans quelle mesure? c'est son secret.
Mais il aimait certainement sa famille, et avec
plus de tendresse que ne font certainement beaucoup de ceux qui vantent le plus haut leur bon
cœur et leur sensibilité. Il chérissait son frère
et ses neveux. Ici je commence à douter. que
l'abbé d'Olivet ait été un méchant.

Allez voir son portrait au Cabinet des Estampes ou ailleurs, et vous serez étonné combien peu cette tête ressemble à l'espèce de
monstre qu'on imaginerait d'après les paroles
de d'Alembert. Vous admirerez une belle figure
assez ronde, avec un large front, des yeux grands
et vifs, un nez fortement enraciné, mais ni trop
long ni trop gros, de bonnes joues rondes et des
lèvres bien épanouies. Il est vrai que l'original
de ce portrait n'avait que quarante-trois ans, et
que d'Alembert n'a connu que le d'Olivet des
dernières années. Il est vrai aussi que le bel
abbé du portrait a la lèvre supérieure un peu
allongée : si cette lèvre se relève, toute la physionomie prendra je ne sais quoi de sarcastique,
de blessant, de parfaitement désagréable. L'abbé
d'Olivet n'était nullement bonhomme, et il avait
la rudesse quelquefois et le ton tranchant d'un
pédagogue. Il ne ménageait pas les mots, et ses
mots emportaient la pièce. Aussi fut-il pourvu
bien vite d'autant d'ennemis, pour le moins,
que ses qualités lui avaient fait d'amis. La vieillesse aggrava son défaut ; et, à mesure que ses
contemporains disparaissaient, les générations
survenantes, qui n'entendaient parler que de ses

violences de langage, le prenaient tout naturellement pour un ours de ses montagnes. Ces
Francs-Comtois sont souvent trop dignes de
leur nom, et leur franchise touche à la bru-
talité.

Même dans l'Académie, l'abbé d'Olivet mé-
prisait les tempéraments. Ainsi, quand le roi
eut donné l'exclusion à Piron, pour la succes-
sion de Languet de Gergy, le maréchal de Richelieu ayant proposé de différer l'élection de
dix jours, afin qu'on eût le temps de chercher
un autre sujet pour remplir la place vacante,
l'abbé d'Olivet protesta au nom des usages; et
il ne se borna point à protester : il qualifia la
mesure proposée de chose *insolite* et *indécente*,
mots un peu gros, comme on voit, pour une
pareille misère. Le duc de Richelieu se fâcha,
et demanda s'il n'y avait point de peines, dans
le règlement, contre ceux qui employaient des
termes *insolites* et *indécents*, et par conséquent
offensants, pour exprimer leur avis. Duclos, qui
exécrait d'Olivet, s'écria : « Corrigé et par-
donné ; voilà la loi. » Et il fit décider que l'abbé
d'Olivet n'avait pas connu la force des termes
dont il s'était servi. C'est à la suite de cette

tragi-comédie que Buffon fut élu. Mais l'abbé d'Olivet n'était pas homme à changer d'allures et de caractère pour une petite mortification.

Ses dernières années furent tristes, si l'on peut appeler triste la vie d'un vieillard qui aime l'étude, et qui a la santé, le loisir, et, sans être fort riche, l'aisance. Mais ses amis étaient morts, et ses réflexions n'étaient pas toujours gaies, quand il songeait à autre chose qu'à ses livres, dans sa solitude de la rue de la Sourdière ; à moins que ce ne fût à ce bon soleil qui le réchauffait au printemps dans la grande allée des Tuileries. Sa lettre de bonne année à Voltaire, en 1767, n'est pas d'un homme sans entrailles. En voici quelques autres phrases, qui sont pourtant d'un homme très-désabusé, sinon d'un misanthrope : « Les hommes ! j'ai vécu assez pour les connaître ; les hommes vaudraient-ils la peine que je perdisse un moment pour eux ? Qu'est-ce que la gloire qui me viendra d'eux ? Moins que rien par rapport à mon bonheur... Je passe ma vie *ante focum, si frigus erit*, avec un Virgile, un Térence, un Molière, un Voltaire ; et les six mois prochains, *si messis, in horto*, aux Tuileries, dont je suis à quatre pas. »

CHAPITRE VIII

VOLTAIRE CICÉRONISE

Position de la question. — Lectures latines de Voltaire. —
Virgile et Horace rue du Long-Pont. — Cicéron à Cirey,
à Berlin, à Ferney. — L'ami Horace. — Lettre à l'abbé
d'Olivet. — Lettre latine au président Bouhier. — Exa-
men de cette lettre. — Retour à l'écolier Arouet. — Lettre
latine à d'Olivet. — Progrès du latiniste. — Autre lettre
latine à d'Olivet. — Décadence du latiniste. — Conclusion.

Tout le monde sait le latin, ou croit savoir le
latin, ou affecte de savoir le latin. Admettons
que tout le monde sait le latin. Il y a toujours
le plus et le moins. Il y a ceux qui s'en tiennent
à ce qu'ils ont appris dans les classes. Il y a ceux
qui lisent leurs auteurs, comme on dit, et qui
aiment à montrer qu'ils les lisent. Il y a enfin
ceux qui les ont lus, qui les ont étudiés, qui les
possèdent réellement, et qui sont en état de
rendre compte de leur science. Ceux-ci méritent

seuls le nom de latinistes, d'humanistes, ou quel que soit le titre d'honneur qu'on voudra leur décerner. Voltaire doit-il être inscrit au nombre des latinistes? Faut-il le reléguer parmi les simples amateurs, et à quel rang? Telle est la question qu'il s'agit de résoudre.

On ne peut pas dire de Voltaire, comme de tant d'autres, qu'il a laissé là ses auteurs en quittant les classes. Nous le voyons lisant et relisant, jusque dans l'extrême vieillesse, quelques-uns des chefs-d'œuvre de la littérature romaine.

Quand il vivait retiré, sous le nom de Demoulin, rue du Long-Pont, un peu plus loin que la Grève, et tout près de ce portail Saint-Gervais qu'il appelait son unique ami, la lecture du latin tenait une part notable dans son existence.

Il écrit à Cideville, à propos de l'abbé de Linant dont il souhaite le retour : « J'ai d'ailleurs une espèce d'homme de lettres, qui me lit Virgile et Horace tous les soirs, sans trop les entendre, et qui me copie très-mal mes vers; d'ailleurs bon garçon, mais indigne de parler à l'abbé de Linant. Je voudrais avoir un autre *amanuensis;* mais je n'ose pas renvoyer un homme qui lit du latin (1). »

A Cirey, le latin partage le temps avec l'anglais, les mathématiques, la physique, la poésie et l'histoire. La belle Émilie traduisait Virgile tout en commentant Newton. C'est du latin et de l'anglais qu'elle lisait autour de Voltaire alité : « Je suis toujours un peu malade, mon cher ami, écrit Voltaire à Thiriot. Madame la marquise du Châtelet lisait hier, au chevet de mon lit, les *Tusculanes* de Cicéron, dans la langue de cet illustre bavard; ensuite elle lut la quatrième épître de Pope *sur le Bonheur.* Si vous connaissez quelque femme à Paris qui en fasse autant, mandez-le-moi (2). »

A quelques jours de là, il écrit à l'abbé d'Olivet : « Mais il faut absolument que je vous apprenne que, pendant mon indisposition, madame la marquise du Châtelet daignait me lire au chevet de mon lit. Vous allez croire peut-être qu'elle me lisait quelque chant de l'Arioste, ou quelqu'un de nos romans. Non; elle me lisait les

---

(1) *Correspondance générale,* 29 mai 1733.
(2) *Correspondance générale,* 9 février 1736.

Tusculanes de Cicéron ; et, après avoir goûté tous les charmes de cette belle latinité, elle examinait votre traduction, et s'étonnait d'avoir du plaisir en français (1). »

Une phrase d'une autre lettre à l'abbé d'Olivet nous montre, deux ou trois ans plus tard, les mœurs de Cirey dans toute leur originalité : « Je passe ma vie, mon cher abbé, avec une dame qui fait travailler trois cents ouvriers, qui entend Newton, Virgile et le Tasse, et qui ne dédaigne pas de jouer au piquet (2). »

A Berlin, Horace est le sujet favori des entretiens de Voltaire et de Frédéric ; c'est du moins ce que dit Voltaire, dans l'*Exorde* du poëme de *la Loi naturelle*. « Vivent Cicéron et Virgile ! » c'est un cri que Voltaire poussait à soixante et dix ans, à la fin d'une lettre à l'ancien P. Thoulier, octogénaire (3). A soixante et douze ans, Voltaire relit Cicéron : « Leurs ouvrages, mande-t-il à Damilaville, à propos de Boulanger et autres, m'ont fait relire les écrits philoso-

---

(1) *Correspondance générale*, 12 février 1736.
(2) *Correspondance générale*, 20 octobre 1738.
(3) *Correspondance générale*, 27 novembre 1764.

phiques de Cicéron ; j'en suis enchanté plus que jamais. Si on les lisait, les hommes seraient plus honnêtes et plus sages (1). »

La lecture d'Horace est jusqu'au dernier jour, peu s'en faut, le passe-temps favori de Voltaire, sa plus efficace consolation. Il avait soixante-dix-sept ans déjà, quand il adressait à Horace la plus célèbre de ses *Épîtres :*

> J'ai déjà passé l'âge où ton grand protecteur,
> Ayant joué son rôle en excellent acteur,
> Et sentant que la mort assiégeait sa vieillesse,
> Voulut qu'on l'applaudît lorsqu'il finit sa pièce.
> J'ai vécu plus que toi ; mes vers dureront moins ;
> Mais, au bord du tombeau, je mettrai tous mes soins
> A suivre les leçons de ta philosophie ;
> A mépriser la mort en savourant la vie ;
> A lire tes écrits pleins de grâce et de sens,
> Comme on boit d'un vieux vin qui rajeunit les sens (2).

Nous avons choisi quelques dates caractéristiques. Mais on pourrait multiplier à l'infini les citations qui montrent Voltaire lisant ou relisant les Latins de son goût, ou dissertant sur leurs œuvres. Il faudrait quelque impudence, par

---

(1) *Correspondance générale*, 24 septembre 1766.
(2) *Épître à Horace*, vers la fin ; 1771.

conséquent, pour dénier à Voltaire au moins le
titre de latiniste amateur, de lecteur de latin,
sinon de parfait humaniste. Quant à Voltaire,
on l'eût médiocrement charmé en le saluant
d'un tel titre. Ses prétentions allaient plus loin,
et nous en avons mainte preuve. C'est bien un
humaniste, ou du moins un homme tenant à
passer pour tel, qui termine ainsi une lettre à
l'abbé d'Olivet : « *Si placeo tuum est ;* et *placerem* bien davantage, si j'étais assez heureux
pour passer ma vie avec vous ;. mais

> Non me fata meis patiuntur ducere vitam
> Auspiciis, et sponte mea componere curas.

On ne fait rien dans ce monde de ce qu'on voudrait, et je passe ma vie à vous regretter. *Vale,
dilige tuum amicum, tuum discipulum*, qui vous
est toujours dévoué avec l'amitié la plus respectueuse (1). » Peut-être l'abbé d'Olivet trouva-t-il
que *placerem* sentait le gallicisme ; mais la douceur du compliment lui fut plus sensible, selon
toute apparence, que la peccadille grammaticale.

_____

(1) *Correspondance générale*, 1732.

Quelques mots de latin dans une lettre à un latiniste, cela signifie assurément quelque chose. Une lettre en latin à un autre latiniste, cela signifie bien plus encore. Celle-ci a été écrite sept ans environ après la précédente. Elle est adressée au président Bouhier. Voltaire l'écrivait le jour même où il mandait à Thiriot l'arrivée d'un Démosthène et d'un Euclide. Il y est question de langue grecque ; et on y voit que Voltaire n'était pas le seul à Cirey qui brûlât en ce moment de la passion du grec. La belle Émilie en tenait comme son ami. Il n'est guère probable pourtant qu'elle ait poussé le courage jusqu'à apprendre l'alphabet. Voltaire eût mentionné, dans l'*Éloge historique* de la marquise, ce mémorable prodige. Je vais transcrire en entier la lettre au président Bouhier, sauf la dernière phrase, qui est en français.

Cirey, *pridie nonas* (7 mai).

Tibi gratias ago quamplurimas, vir doctissime et optime, de tuo quem mihi promittis Petronio. Jam in te miratus sum, priscorum, qui litteras restituerunt et bonas artes, senatorum Budæorum et Thuenorum elegantem et peritissimum emulatorem, scientiæ pene oblitæ restitutorem, et ætatis tuæ ornamentum. Nunc

iter ad Belgas facio, et cras proficiscor cum illustris-
sima muliere quæ, latinæ linguæ perita, nunc ad græ-
cas litteras avidum doctrinæ animum applicare inchoat, et quæ geometriæ et physicæ potissimum addicta
eloquentiæ et poëseos lepores non dedignatur, quæque
acuto judicio et summa cum voluptate Virgilium, Mil-
tonum et Tassum perlegit, Ciceronem et Addissonum.

Si alicujus libri opus tibi est qui in his tantum
provinciis ad quas pergo reperiundus sit, jubere potes, et mandata tua exequar. Te veneror, et tuus esse
velim.

Tous ces mots sont des mots plus ou moins
latins. C'est du latin, si l'on veut, mais du latin
détestable. Il n'y a pas d'écolier de cinquième
qui ne soit en état d'y relever erreur sur erreur,
et même des fautes plus qu'étranges. Et d'abord,
pridie nonas n'est pas et ne peut pas être le
7 mai, puisque les nones étaient le huitième jour
avant les ides, et que les ides de mai correspon-
dent au 15 du mois : c'est le jour des nones que
Voltaire a écrit sa lettre, et non pas la veille des
nones. On pourrait dire que la date, 7 mai, a
été ajoutée après coup ; mais la lettre à Thiriot,
écrite le même jour que la lettre au président
Bouhier, porte la date du 7 mai : ce n'est donc
pas le 6 mai que Voltaire a écrit au président

Bouhier. Un Romain aurait dit, ce semble, *Gratias ago tibi maximas*, et se serait bien gardé de mettre *optime* après *doctissime*. Les enfants savent cela. Ce qu'ils n'ignorent pas non plus, c'est que *jam* ne signifie rien, là où le sens demande *jampridem*, et que *bonæ artes*, dans la langue classique, ce sont les vertus, et non point les belles-lettres. Il leur est permis d'ignorer que l'historien de Thou s'est donné en latin le nom de *Thuanus;* d'ailleurs on peut mettre sur le compte des typographes *Thuenorum* au lieu de *Thuanorum.* Attribuons-leur aussi l'*e* simple pour l'*æ* au commencement du mot *æmulatorem;* mais *oblitæ* appartient à Voltaire, et *oblitæ* signifie le contraire de ce que Voltaire a voulu dire. Il a voulu dire *une science oubliée*, et il a dit *une science qui a oublié*. *Oblitus* est un des participes de verbes déponents sur lesquels les enfants se méprennent le moins. L'alliance d'*applicare* et d'*inchoat* est ridicule, à moins qu'on ne fasse abstraction du sens propre de chacun de ces deux mots. Comment l'idée de commencer une construction, *inchoare*, peut-elle avoir pour dépendance l'idée d'une application, soit au propre, soit au figuré, et surtout celle de l'appli-

cation de l'esprit, *applicare animum?* Il est
évident aussi que *perlegit* est impropre, puisqu'il s'agit là non point d'achever telle ou telle
lecture, mais simplement de lire, ou, si l'on veut,
de lire et relire. *Perlego* ne serait supportable
qu'amené par *lego* et *relego*, par exemple si
Voltaire avait mis : *legit atque relegit, imo perlegit*, lit, relit, et va jusqu'au bout des livres.
Mais ce sont là des délicatesses de style. *Si alicujus libri opus tibi est* est intolérable pour trois
raisons : après *si*, on ne met pas *alicujus ;* avec
opus est, on met l'ablatif de la chose ; et ces
phrases conditionnelles exigent le subjonctif et
même le passé, *si opus fuerit*. Tel est l'usage
des écrivains classiques ; ces règles sont dans
tous les rudiments. On pourrait, Tacite à la
main, défendre *jubere potes*, quoique *jubere* ne
se prenne guère d'une manière absolue ; mais
tuus esse velim, ou n'a pas de sens, ou signifie :
« Je voudrais être votre esclave; » et Voltaire
n'a certainement pas voulu dire qu'il voudrait
être l'esclave du président Bouhier.

Je n'ai noté, dans l'œuvre de Voltaire, que
ce qui est immédiatement visible, même pour
les yeux d'un écolier. Que serait-ce donc si

l'on appliquait à ce prétendu latin la loupe des
Muret ou des Scaliger? Demandez à un latiniste ce qu'il pense, et de *de tuo* pour *pro tuo*, et
de *promittis* sans verbe, et de *peritissimum*
sans complément, et du gallicisme *cras proficiscor*, et du gallicisme *lepores non dedignatur*,
et de la reprise *quæque*, et de l'ablatif sans préposition à côté de l'ablatif avec *cum*, et de tout
enfin dans cette inqualifiable rapsodie. Le président Bouhier dut malignement sourire, en lisant l'épître du latiniste de Cirey. A coup sûr, il
n'admira pas dans l'auteur un émule, ni présent
ni futur, de ces vieux sénateurs vantés par Voltaire.

Ce qui paraît un peu difficile à comprendre,
c'est que Voltaire ait pu écrire une pareille lettre ;
ce qui est parfaitement inconcevable, c'est qu'a-
près l'avoir écrite, il ait eu le courage de l'envoyer à son adresse. Il est évident que le jeune
Arouet, au collége Louis-le-Grand, donnait à
ses maîtres, je ne dis pas en rhétorique, mais
dès la seconde, dès la troisième, dès la quatrième, dès la cinquième, du latin un peu plus
correct et de moins mauvais aloi. Je ne me
représente pas le pupille du P. Thoulier, et le

plus brillant lauréat des Jésuites, comme un compilateur de solécismes, de barbarismes et de non-sens. Je m'assure que le jeune Arouet écrivait fort gentiment une page de prose latine sur tout sujet donné, et que ses succès classiques ne prouvent pas qu'il n'eût pour rivaux que des ânes. Mais le talent d'écrire en latin ne se conserve, comme tous les talents, que par l'usage. Après dix ans de désuétude, il n'en reste rien, ou presque rien ; et il y avait près de trente ans que Voltaire n'écrivait plus en latin, quand il lui prit fantaisie de faire voir au président Bouhier qu'il savait encore parler la langue de Cicéron. Cette élucubration insolite lui coûta sans doute des efforts extraordinaires. Voilà ce qui explique ses sentiments trop paternels pour un enfant de tout point mal venu. Il faut mettre l'envoi au président Bouhier sur le compte de cette myopie morale qui nous fait faire à tous, sots ou gens d'esprit, nos plus ridicules sottises.

Mais un premier essai a pu être suivi d'autres essais plus heureux. Voltaire retrouvera peut-être, en 1740, ce qu'il n'avait plus en 1739. Un peu de travail et de bonne volonté suffisent pour opérer de plus grands miracles.

Cherchons donc, et ne nous hâtons pas de porter des sentences sévères. Voici le début d'une lettre à l'abbé d'Olivet, écrite moins d'un an après la lettre au président Bouhier :

Cirey, nonis martis.

Elegans et sapiens Olivete, Tullius ille laudum amator nunc, opinor, gloriatur quod ingenio tuo clarior et diligentia tua accuratior prodeat. Tullia nostra, Æmilia du Châtelet in omni genere artium instructa et vera operum tuorum æstimatrix, novo operi tuo gratulatur, et commentarios tuos enixe desiderat. Sed tibi fateor, notæ ad textum in ipsis paginis accommodatæ non illi displicerent. Arduum est et operosum notas ad finem libri rejectas quærere. Ut ut, vir doctissime, incumbe labori tuo, et Ciceronem Olivetanum cum voluptate legemus. Hæc tibi scribunt Æmilia et Volterius (1).

Le reste de la lettre est en français. On ne saurait nier que le latiniste ne soit ici en progrès sur lui-même. Je ne crois pas qu'il faille attribuer une part bien grande, dans cette œuvre, à la collaboration de la nouvelle Tullie. Il est probable que Voltaire aura voulu se piquer d'honneur, en parlant à son ancien maître, et que les souvenirs du

_____

(1) *Correspondance générale*, mars 1740.

10

collége lui seront revenus un peu plus nets, à l'idée
du préfet Thoulier, qu'à l'idée du parlementaire
dijonnais. Laissons-lui le mérite d'avoir réussi à
mieux faire. Son thème, cette fois, car ce n'est
toujours qu'un thème, c'est-à-dire du français
habillé en mots latins, est à peu près de la force
d'un devoir de quatrième, mais non point d'un
devoir irréprochable. *Quod* avec le subjonctif
n'indique qu'un prétexte, une fausse raison; et
Voltaire veut dire à d'Olivet que Cicéron est
réellement fier des beaux travaux de son commentateur. On est *instructus*, c'est-à-dire
pourvu, et non point instruit, *omni genere artium*, et non pas *in omni genere*. On ne remercie pas un ouvrage, mais l'auteur d'un ouvrage; et, si l'on veut parler de la chose dont on
le remercie, on ajoute, à *tibi gratulor*, ou l'accusatif seul, ou l'ablatif avec *de* ou *pro; opus,
de opere, pro opere*. La troisième phrase est toute
gallicisme. Ce n'est pas ainsi, c'est par l'infi-
nitif, qu'on tourne une pareille idée en latin.
Ut ut a besoin du verbe *être* pour signifier *quoi
qu'il en soit : ut ut est*, par exemple. *Ut ut*, à lui
seul, signifie simplement *de quelque manière
que*, et l'ellipse du verbe n'est point permise.

Il faut descendre sept ou huit ans, pour trouver, dans les écrits de Voltaire, quelque nouvelle trace de prose latine. C'est un billet sans date, mais qui doit être, ou de la fin de 1747, ou des premiers jours de 1748. Il est adressé encore à l'abbé d'Olivet. Voltaire lui redemande le manuscrit de *Sémiramis,* qu'il lui avait communiqué avant de le remettre aux comédiens.

Tuum tibi mitto Ciceronem quem relegi ut barbari Crebillonii scelus expiarem. Te precor mihi *Semiramidem* mandare cum tuis animadversionibus. Timeo ne tempus me deficiat. Hanc comœdi *Semiramidem* requirunt, quod reverendi patris de Nivelle comœdia non placuerit. Sed die et nocte operam dabo, ut consiliis tuis possim opus meum perficere.

Les progrès du latiniste ont cessé. Ce latin vaut, ni plus, ni moins, celui de la lettre de 1740. Encore n'y avait-il, dans la lettre de 1740, aucune défectuosité comparable à *Te precor mihi* Semiramidem *mandare.* Ceci peut se mettre en regard des plus jolies inventions que nous ayons admirées dans la lettre au président Bouhier. Cette phrase est du français, et non pas du latin. En latin, on dit : *Te precor ut mandes.* Ensuite *mandare* est absurde, puisque c'est

Voltaire qui a confié *Sémiramis* à l'abbé d'Olivet, et que l'abbé d'Olivet n'a point à la confier à Voltaire, mais à la lui renvoyer. *Mandare* n'a jamais été synonyme de *remittere* que dans le latin de Voltaire.

Quelques mots de latin jetés par ci par là, surtout dans certaines lettres polyglottes, voilà tout ce que nous pourrions ajouter à la collection des œuvres de Voltaire prosateur latin. Ces bribes plus ou moins précieuses nous sont inutiles. On a vu les chefs-d'œuvre. On sait ou on doit savoir à quel rang il convient de placer Voltaire dans la liste des prosateurs latins. C'est justice, je crois, de reconnaître qu'il n'est pas resté beaucoup plus d'un ou deux degrés au-dessous du dernier rang, et qu'il ne lui a manqué qu'un peu d'application et de persévérance pour s'élever à la hauteur environ d'un passable écolier de troisième. Ce n'est pas notre faute s'il a jugé à propos de s'arrêter en si beau chemin.

CHAPITRE IX

MUSES LATINES

Inscription du château de Cirey. — Renvoi à Ravisius Textor. — Distique sur le feu.—Renvoi à Boileau. — Deux vers très-forts de choses.—Éloge du cardinal Quirini. — Éloge de Benoît XIV. — Le pape prosodiste. — Voltaire devient Museo. — Valeur de son distique sur Lambertini. — Vers à M. Amman. — Cadeau au comte de Rochefort. — Erreur d'adresse. — Commire et Santeul vengés. — Voltaire admire Polignac et Favières.— Présomptions contre la compétence de Voltaire en fait de latin.

Les vers latins de Voltaire sont plus célèbres que sa prose latine. Ils valent un peu mieux aussi, ou, pour parler congrûment, ils sont moins mauvais.

Le premier essai de Voltaire en ce genre est de 1736. C'est un distique que Voltaire avait fait graver sur la porte du château de Cirey. Ce distique se trouve dans une lettre à M. de la Faye :

10.

« On vous attend à Cirey, mon cher ami ; venez voir la maison dont j'ai été l'architecte. J'imite Apollon : je garde des troupeaux, je bâtis, je fais des vers, mais je ne suis pas chassé du ciel. Vous verrez sur la porte :

Ingens incepta est, fit parvula casa ; sed ævum
Degitur hic felix, et bene, magna sat est.

Vous serez bien plus content de la maîtresse de la maison que de mon architecture. Une dame qui entend Newton, et qui aime les vers et le vin de Champagne comme vous, mérite de recevoir des visites des sages de votre espèce (1). »

Tout le monde sait le mot de Socrate. La pensée du distique de Voltaire est jolie ; je ne dis pas *quoique* renouvelé des Grecs. Mais le mot de Socrate était beau et profond ; celui de Voltaire semble avoir passé par l'âme d'Épicure. Cirey, d'ailleurs, était un enfer ; et le distique est une absolue contre-vérité. Mais il ne s'agit pas de savoir si la porte du château mentait ou ne mentait pas aux visiteurs. Il s'agit de voir si cet hexamètre et ce pentamètre sont deux bons vers

---

(1) *Correspondance générale*, septembre 1736.

latins. Quant au pentamètre, je n'ai rien à en
dire. Je dirai même qu'il est assez agréable,
bien qu'un peu saccadé. Mais l'hexamètre n'est
pas un hexamètre. Ce n'est non plus un vers
héroïque qu'une ligne française de onze syllabes
ne serait un vers alexandrin. C'est un vers faux.
Renvoi à Ravisius Textor. Le mot *casa*, ce sont
deux brèves, et non point un trochée. Il n'y a
pas d'hexamètre avec un tribraque au cinquième
pied ; et on imaginerait rarement une faute plus
grossière. Se tromper sur *casa!* passe encore si
casa était un mot rare chez les poëtes !

Le poëte apprenti fut moins gauche, à la seconde tentative. C'était en 1738. Voltaire envoyait à l'Académie des sciences un mémoire
de physique, sur une question mise au concours. Cette question roulait sur la nature et la
propagation du feu. L'illustre concurrent, qui
ne fut pas vainqueur, avait pris pour devise ce
distique latin, où sont énumérées les propriétés
du feu :

> Ignis ubique latet, naturam amplectitur omnem,
> Cuncta parit, renovat, dividit, unit, alit.

Les contemporains de Voltaire ont admiré ce

distique. Condorcet l'a même inséré dans sa *Vie de Voltaire*, et en parle comme d'un modèle de précision et d'énergie. Quand d'Alembert écrivait sa diatribe contre les latinistes modernes, il se souvint de cette merveille, et il s'en servit pour faire honte aux pédants de l'Université. Voulant citer correctement, et ayant, à ce qu'il paraît, deux textes différents sous les yeux, il s'adressa un jour à Voltaire même, pour sortir d'embarras : « A propos de latin, quoique cela ne vienne pas à ce que nous disons, dites-moi, je vous prie (j'ai besoin de le savoir, et pour cause), si c'est vous, comme je le crois, qui avez fait les deux vers latins qui sont à la tête de votre dissertation sur le feu, et si le second est *cuncta fovet,* ou *cuncta parit* (1)? » Voltaire s'empressa de lui envoyer le texte authentique : « Oui, mon cher philosophe, ces deux mauvais vers sont de moi. Je suis comme l'évêque de Noyon, qui disait, dans un de ses sermons : « Mes frères, je « n'ai pris aucune des vérités que je viens de « vous dire, ni dans l'Écriture, ni dans les Pères;

---

(1) *Correspondance avec d'Alembert,* 25 juin 1766.

« tout cela part de la tête de votre évêque (1). »
C'est à la suite de cette communication que
d'Alembert, après avoir cité une des sentences
portées par Voltaire contre les poëtes latins modernes, composa son dithyrambe en l'honneur
des vers latins de Voltaire : « Le témoignage de
ce grand poëte est d'autant moins suspect en cette
matière, qu'il a fait lui-même, en s'amusant,
quelques vers latins aussi bons, ce me semble,
que ceux d'aucun moderne, témoins ces deux-ci,
qu'il a mis à la tête d'une dissertation sur le feu :
Ignis ubique, etc. Je ne crois pas qu'on puisse
renfermer plus de choses en moins de mots ; et
ce n'est pas d'ordinaire le talent de nos poëtes
latins modernes les plus vantés. Heureusement
M. de Voltaire a fait de ce talent un meilleur
usage que de l'emprisonner dans une langue
étrangère. Il a mieux aimé être le modèle des
poëtes français de notre siècle, et le rival de
ceux du précédent, que l'imitateur équivoque de
Lucrèce et de Virgile (2). »

---

(1) *Correspondance avec d'Alembert*, 1ᵉʳj .illet 1766.
(2) D'Alembert, *sur l'Harmonie des Langues; Latinité des
Modernes.*

Ainsi, cela est bien entendu, le distique sur le feu est admirable. J'ai fait en conscience tout ce que j'ai pu pour m'en convaincre : je n'en ai pu venir à bout. Je me souvenais, hélas! et pour cause, de notre vieux Boileau :

Mon esprit n'admet point un pompeux barbarisme.

Il y a un barbarisme, pompeux ou non, peu importe, dans le deuxième vers du distique. Le mot *unit* est un mot français, et non pas un mot latin. On n'a jamais employé le verbe *unio* en latin, sinon quand il n'y avait plus de langue latine, ou, ce qui revient au même, quand ceux qui écrivaient en latin étaient non plus des Cicéron ni même des Quintilien, mais des Fronton et des Apulée. Encore les poëtes des derniers siècles se sont-ils bien gardés de mettre *unio* dans leurs vers. Mais je veux qu'*unit* soit un mot latin, et même un mot propre à entrer dans la poésie. Alors les deux vers de Voltaire sont deux bons vers techniques. D'Alembert est en droit de revendiquer pour son maître une place à côté de celui qui a résumé en un seul hexamètre quatorze vers des *Géorgiques*. Celui-là avait,

j'espère, ce talent de concentration sur lequel
s'extasie le philosophe :

Pallida luna pluit, rubicunda flat, alba serenat.

Mais il n'y a que trois choses en cinq mots; et
M. de Voltaire, dans les six mots de son pentamètre, a mis cinq choses. Pendez-vous, d'Alembert! voici un hexamètre qui contient sept choses
en sept mots, trois faits de conjugaison, deux
règles de grammaire, et deux règles de prosodie :

Cedo facit cessi, cecidi cado, cædo cecidi.

Ces choses ne sont pas de la plus haute portée;
mais enfin ce sont des choses, et même des choses
utiles, du moins à ceux qui auraient l'ambition
d'écrire en latin un peu plus correctement que
Voltaire, et de ne pas laisser, comme Voltaire,
des fautes de quantité dans leurs vers latins.
D'ailleurs, bon vers technique et bon vers ne
sont pas tout à fait des termes synonymes. Un
vers, pour être *fort de choses*, n'est pas nécessairement un bon vers; et je préfère sur ce sujet,
ô d'Alembert! les leçons de l'auteur du *Pauvre
Diable* à vos leçons.

Voici une lettre de Voltaire au cardinal Quirini,

que je transcris presque en entier, quoiqu'elle
ne rentre que par un point dans l'ordre des faits
dont nous dressons le catalogue. Il n'est pas
absolument interdit de procurer quelque agréable distraction au lecteur. La lettre est de 1745.

Il faudrait, Monseigneur, vous écrire dans plus
d'une langue, si on voulait mériter votre correspondance; je me sers de la française, que vous parlez si
bien, pour remercier Votre Éminence de sa belle prose
et de ses vers charmants. Je revenais de Fontaine-
bleau, quand je reçus le paquet dont elle m'a honoré;
je m'en retournais à Paris avec madame la marquise
du Châtelet, qui entend Virgile et vous aussi bien que
Newton; nous lûmes ensemble votre excellente préface, et la traduction que vous avez bien voulu faire
du *Poëme de Fontenoy*. Je m'écriai :

Sic veneranda suis plaudebat Roma Quirinis.
    Laus antiqua redit, Romaque surgit adhuc,
Non jam Marte ferox dirisque superba triumphis :
    Plus mulcere orbem quam domuisse fuit.

La fièvre et les incommodités cruelles qui m'accablent
ne m'ont pas permis d'aller plus loin, et m'empêchent
actuellement de dire à Votre Éminence tout ce qu'elle
m'inspire. Elle me cause bien du chagrin en me com-
blant de ses faveurs; elle redouble la douleur que j'ai
de n'avoir point vu l'Italie. Je ferais volontiers comme
les Platon, qui allaient voir leurs maîtres en Égypte;

mais ces Platon avaient de la santé, et je n'en ai point (1).

La fin de la lettre n'est guère remarquable que par cette expression fautive, *le troc de Sarpédon*. Il fallait dire, *le troc de Glaucus*. C'est Glaucus qui donna à Diomède un bouclier d'or pour un bouclier de cuivre, une valeur de cent bœufs pour une valeur de neuf bœufs. Quant aux deux distiques, puisque Voltaire les a faits ayant la fièvre, il serait cruel de les examiner de trop près, et de demander au poëte si ses *Quirini* sont Romulus et Rémus, ou s'il n'a pas pris *Quirini* pour *Quirites*, ni ce qu'il veut dire par *surgit adhuc*, ni pourquoi le troisième vers continue le sens du second. D'ailleurs le quatrième vers est bon, et sollicite quelque indulgence pour la médiocrité des trois autres.

Il y a deux autres vers latins de 1745 qui sont infiniment plus renommés que les vers inspirés par Son Éminence le cardinal Quirini. Il est vrai que Voltaire, cette fois, consacra sa muse à mieux encore qu'une Éminence. Je n'ai pas

---

(1) *Correspondance générale*, 25 octobre 1745.

besoin de rappeler ce que c'est que la lettre du
7 février 1746, ni à quelle occasion Voltaire
l'écrivit au P. de La Tour. Le deuxième alinéa
de cette lettre commence comme il suit : « Il y
a quatre mois qu'ayant vu une estampe du portrait de Sa Sainteté, je mis au bas cette inscription latine :

Lambertinus hic est, Romæ decus, et pater orbis,
Qui terram scriptis docuit, virtutibus ornat.

Je ne crains pas que le sens de ces paroles soit
repris par ceux qui ont lu les ouvrages de ce
pontife, et qui sont instruits de son règne... Monseigneur le cardinal Passionei, bibliothécaire du
Vatican, homme consommé en tout genre de littérature, et protecteur des sciences aussi bien
que le pape, lui montra ce faible hommage que
je lui avais rendu, et que je ne croyais pas devoir
parvenir jusqu'à lui (1). » On sait que le pape
pour qui Voltaire avait fait ces deux vers latins
était Benoît XIV, Lambertini de son nom. Il y
avait un peu plus de quatre mois que Voltaire
les avait faits, quand il écrivait au P. de La

(1) *Mélanges littéraires*, lettre au P. de La Tour.

Tour. Benoît XIV avait pu les savourer dès les premiers jours de septembre 1745. Ils étaient arrivés au pape à peu près en même temps que la tragédie de *Mahomet*, le *Poëme de Fontenoy*, et la lettre italienne par laquelle Voltaire dédia au vicaire de Jésus-Christ ce *Mahomet*, qui dut s'étonner quelque peu d'être accueilli par un tel patron. Le bon vieillard fut très-touché des attentions et des sentiments de son cher fils Voltaire, et le remercia avec effusion dans une lettre charmante. Les deux vers latins surtout lui avaient été au cœur :

Dès que votre distique fut publié à Rome, on nous dit qu'un homme de lettres français, se trouvant dans une société où on en parlait, avait repris dans le premier vers une faute de quantité. Il prétendait que le mot *hic*, que vous employez comme bref, doit toujours être long.

Nous répondîmes qu'il était dans l'erreur; que cette syllabe était indifféremment brève ou longue dans les poëtes, Virgile ayant fait ce mot bref dans ce vers :

Solus hic inflexit sensus, animumque labantem...

et long dans cet autre :

Hic finis Priami fatorum, hic exitus illum...

C'était peut-être assez bien répondu, pour un homme

qui n'a pas lu Virgile depuis cinquante ans. Quoique vous soyez partie intéressée dans ce différend, nous avons une si haute idée de votre franchise et de votre droiture, que nous n'hésitons pas à vous faire juge entre votre critique et nous. Il ne nous reste plus qu'à vous donner notre bénédiction apostolique (1).

Le savant théologien avait trop manifestement raison contre l'homme de lettres français ; et c'est par pure bonté d'âme qu'il voulait bien ne pas triompher de cet ignorant. Voltaire, qui n'avait aucun motif pour ménager un inconnu, applaudit vivement au vainqueur, dans la lettre italienne où il rend grâces au pape et de sa bénédiction et des présents dont elle était accompagnée : « Je suis forcé de reconnaître son infaillibilité dans les décisions littéraires comme dans les autres choses plus respectables. Votre Sainteté a plus d'usage de la langue latine que le censeur français dont elle a daigné relever la méprise. J'admire comment elle s'est rappelée si à propos son Virgile... Si le Français qui a repris avec si peu de justesse la syllabe *hic* avait

---

(1) *Réponse de Benoît XIV*, traduction, en tête de la tragédie de *Mahomet*.

eu son Virgile aussi présent à la mémoire, il
aurait pu citer fort à propos un vers où ce mot
est à la fois bref et long : ce beau vers me semblait contenir le présage des faveurs dont votre
bonté généreuse m'a comblé. Le voici :

Hic vir, hic est, tibi quem promitti sæpius audis.

Rome a dû retentir de ces vers, à l'exaltation
de Benoît XIV (1). » Le compliment est ingénieux, mais bien mal amené. Il n'est pas vrai
que le mot *hic* soit à la fois bref et long, dans le
fameux vers où Anchise annonce les destins
d'Auguste. Benoît XIV discutait sur la question
de nature ; et, quand même *hic* eût été bref de
nature, il serait long devant *vir* par position.
L'exemple n'est donc pas double ; et c'est par
une distraction au moins singulière que Voltaire
le donne comme tel. *Hic* est deux fois aussi
dans le deuxième vers cité par Benoît XIV ; mais
Benoît XIV s'est bien gardé de dire qu'il y était
deux fois en qualité de longue.

Il n'y a pas de faute de quantité dans le dis-

---

(1) *Lettre de remerciement au Pape,* traduction, en tête
de la tragédie de *Mahomet.*

tique de Voltaire. Ce distique n'en vaut pas pour
cela beaucoup mieux. Je comprends qu'il ait
charmé Benoît XIV, le P. de la Tour et les
Jésuites, surtout accompagné de trois ou quatre
professions de foi parfaitement orthodoxes. Il
est évident, d'ailleurs, qu'on ne pouvait plus tenir
fermées les portes de l'Académie française devant
un homme qui écrivait de pareils vers. Aussi
s'ouvrirent-elles bien vite, malgré les échos qui
apportaient de Cirey la rumeur d'une poésie un
peu différente. Les Arcades de Rome s'empres-
sèrent eux-mêmes d'inscrire parmi les membres
de leur académie le panégyriste de Benoît XIV,
et ils lui donnèrent le nom de Museo. Le commentateur de Mathanasius, qui me fournit ce
détail, a oublié de nous dire quel domaine on
avait assigné au nouveau berger, pour la pâture
de ses bêtes. Pigrasto, c'est-à-dire Fontenelle,
possédait toute l'île de Délos. Museo-Voltaire
méritait deux ou trois cantons du Parnasse ; et
Beauregard, au lieu de le fêter comme jadis au
pied de la montagne, dut lui prêter sa canne
pour qu'il s'en fît une houlette. Ce qui manque
au distique de Voltaire pour être un chef-d'œuvre,
si un distique peut être un chef-d'œuvre, ce n'est

donc pas d'avoir eu pénurie d'admirateurs,
ni d'avoir infidèlement répondu aux espérances
que fondait sur lui le poëte. Ce qui lui manque,
c'est de n'être pas dans les vraies conditions du
distique latin, c'est de pécher par le tour, par
l'harmonie, par le style même. Le deuxième
vers, d'après l'usage romain, devrait être pentamètre. C'est en distiques élégiaques, et non
en vers héroïques continus, que les Romains
rédigeaient leurs inscriptions, quand ils les rédigeaient en vers. Ennius avait donné l'exemple ;
Virgile lui-même, le poëte héroïque par excellence, n'y a pas dérogé. Il lui était loisible
pourtant de suivre sa fantaisie. Quant à nous, il
ne nous est non plus permis d'innover, en fait
de combinaisons poétiques latines, qu'en fait de
mots latins, ou de constructions latines, ou de
syllabes brèves ou longues. L'invention de Voltaire va de pair avec les barbarismes, les solécismes et les fautes de quantité. Ceux qui ont appris à faire des vers latins n'ont pas besoin qu'on
les édifie à ce sujet. Ce qu'ils savent aussi, c'est
que le premier vers du distique est sautant et
désagréable ; que le second vers commence d'une
façon dure, et que ses deux parties sont trop

inégalement pondérées; c'est enfin que, si l'on comprend assez bien ce que veut dire le poëte, l'ordre des idées n'est pas déterminé avec une netteté suffisante. Ou le *qui* surabonde, ou il devrait avoir quelque correspondant devant *virtutibus ornat :* s'il surabonde, Voltaire devait le supprimer; s'il a sa raison d'être, Voltaire a oublié d'unir les membres de la phrase, et de marquer la transition du passé au présent. Je dois dire, pour être juste, qu'il y a une variante au second vers du distique, dans une note au bref de Benoît XIV. On lit, dans cette note, non plus *qui terram scriptis,* mais *qui mundum scriptis :* ceci du moins n'offense pas l'oreille. Nous pouvons donc faire grâce au poëte d'une de nos critiques. N'importe! ce n'est pas un chef-d'œuvre que Voltaire avait écrit au bas de l'estampe du portrait de Benoît XIV.

C'est pourtant le chef-d'œuvre de Voltaire poëte latin.

Vous vous en convaincrez sans peine, si vous voulez examiner sa quatrième tentative auprès des Camènes. Cet essai, le plus long de tous, et aussi le plus défectueux, se trouve dans les *Lettres en vers et en prose.* Voltaire l'a composé six semaines environ après la *Lettre au P. de La Tour.*

A M. AMMAN,

Secrétaire de M. l'ambassadeur de Naples à Paris, qui avait adressé de jolis vers latins à M. de Voltaire.

A Versailles, ce 26 mars 1746.

Tu vatem vates laudatus Apolline laudas,
Concedisque tua decerptas fronte coronas.
Carminibus nostram petis ad certamina musam :
O utinam videar tibi respondere paratus !
Sed quondam dulcis vox deficit, atque labore
Nunc defessus, iners, ignava silentia servans,
Semper amans Phœbi, non exauditus ab illo,
Te miror, victus, non invidus, arma repono.

On m'a renvoyé ici, monsieur, les vers charmants que vous avez bien voulu m'adresser; je ne puis que les admirer, non les imiter. C'est en remerciant celui qui me loue si bien, que j'ai l'honneur d'être avec reconnaissance, etc.

Il est inutile, je pense, d'énumérer une à une toutes les impropriétés de termes, toutes les constructions vicieuses, toutes les expressions plates ou vides, qui forment le tissu de ces prétendus vers. Dix pages n'y suffiraient pas. Jamais poëte latin moderne ne fit rien de si nul et de si misérable. Comment pourtant ne pas remarquer ce *laudatus Apolline*, ce *decerptas fronte*, ce *silentia servans ;* des monstruosités qui rappellent les déportements les plus étranges du malencontreux correspondant de M. le président Bouhier? Qui croirait que celui qui se permettait de pareilles libertés avec la langue latine était l'homme qui redoutait le plus les solécismes? Il ne les redoutait, hélas! qu'en français. Sa pratique latine témoigne, ce semble, qu'il n'était pas gêné, quand il écrivait en latin, par des scrupules du genre de ceux qu'il exprime quelque part à l'abbé d'Olivet, au sujet d'une lettre qu'il s'accusait d'avoir dictée trop vite : « J'ai peur qu'il n'y ait quelque faute de langage. On pardonne les négligences, mais non pas les solécismes; et il s'en glisse toujours quelques-uns quand on dicte rapidement (1). »

En 1773, M. le comte de Rochefort pria Voltaire de rédiger une inscription pour les Écoles de Chirurgie. L'inscription devait être courte, et même ne pas avoir plus de quarante-huit lettres. «Quarante-huit caractères, répondit le vieillard de Ferney, font vingt-quatre syl-

---

(1) *Correspondance générale*, septembre 1761.

labes, à deux lettres par syllabe ; et douze syllabes forment un vers alexandrin : en ce cas il
faut deux vers; mais il y a nécessairement des
syllabes qui ont trois ou quatre lettres : ainsi la
chose devient impossible. Pour exprimer une
pensée bonne ou mauvaise, il faut deux vers ou
quatre ; c'est ce qui rend notre langue très-peu
susceptible du style lapidaire, qui demande une
extrême précision : nos articles, nos verbes
auxiliaires, joints à la gêne de nos rimes, font
un effet souvent ridicule dans les inscriptions.
Un vers latin dit plus que quatre vers français ;
j'oserais proposer celui-ci, en attendant qu'on
en fasse un meilleur :

Arte manus regitur, genius prælucet utrique.

L'art conduit la main, le génie les éclaire tous
deux. Voilà toute la chirurgie exprimée en peu
de mots (1). »

Voltaire le dit du moins. Exprimée, j'y consens, mais bien mal exprimée. Une inscription
n'est pas une énigme, et le vers est inintelligible

---

(1) *Lettres en Vers et en Prose*, 28 avril 1773.

sans commentaire. Mais l'obscurité est son moindre défaut. Si *genius* signifiait *le génie*, on pourrait aller jusqu'à dire que c'est un assez bon vers; mais *genius* n'a jamais signifié *le génie*. C'était proprement le dieu qui présidait à la naissance de chaque homme, et qui l'accompagnait pendant sa vie; *genius*, comme dit Horace, *natale comes qui temperat astrum*. On le fêtait par des repas, et son nom était synonyme, dans le langage ordinaire, de joie, de plaisir, de bonne chère, et même d'appétit, de gourmandise, de sensualité. Cela ne ressemble guère au génie qui éclaire l'art et la main du chirurgien. *Genius* est, si l'on veut, *un génie;* ce n'est pas *le génie*. Il faut descendre jusque dans les bas siècles pour trouver un auteur latin, ou soi-disant tel, qui ait jugé à propos de prendre *genius* pour *ingenium;* et Voltaire se trouve avoir fait cadeau à M. de Rochefort d'un vers latin qui n'était pas latin. Si le comte de Rochefort, à son tour, fit cadeau de ce vers aux Écoles de Chirurgie, il est à croire qu'on se garda bien de laisser graver une inscription qui eût un peu trop rappelé le style de la cérémonie du *Malade imaginaire*.

De 1746 à 1773, il n'y a pas trace de versification latine dans les œuvres de Voltaire. Après
1773, il n'y en a pas davantage. L'inscription
macaronique pour les Écoles de Chirurgie fut le
dernier effort de cette Muse latine que d'Alembert avait proposée à l'admiration du monde.

Une réflexion ici se présente : c'est que Commire et Santeul eussent été bien vengés des
railleries que Voltaire a mises à leur intention
dans le *Siècle de Louis XIV*, s'ils avaient pu
lire les vers latins de Voltaire. *In silvam ne
ligna feras*, ce sont les derniers mots de l'article
Commire. Non, certes, il ne faut point porter du
bois à la forêt. Quirinus eut mille fois raison
d'en dissuader Horace. Voltaire n'avait pas tort
non plus de répéter à Commire le conseil de
Quirinus, si Commire ambitionnait, comme le
prétend Voltaire, « de ressusciter le siècle d'Auguste dans une langue qu'il ne pouvait pas même
prononcer. » Je n'ai aucune mission pour me
porter apologiste du P. Commire. Mais que
dites-vous de Voltaire, niant qu'on puisse faire
de bons vers latins, et faisant des vers latins ?
C'est probablement d'après les siens qu'il jugeait
ceux des autres ; et c'est sans doute après avoir

relu ceux du 26 mars 1746, qu'il rédigea l'article *Santeuil*, qui commence par ces mots : « Il passe pour excellent poëte latin, si on peut l'être ; » et qui finit par ceux-ci : « Je me défie beaucoup des vers modernes latins. » Ce qui est certain, c'est que ce qu'il a porté à la forêt, ce n'est pas même du bois, c'est à peine une poignée de ronces.

Je dois remarquer qu'il est arrivé à Voltaire de célébrer les vers latins de M. Favières et ceux du cardinal de Polignac; et je ne sache pas que ni M. de Polignac ni M. Favières aient été des contemporains d'Auguste. Il est vrai que Voltaire a varié sur l'*Anti-Lucrèce*, et il s'en vante lui-même ; il est vrai que Voltaire a écrit quelque part, à propos de Polignac : « Bon poëte latin, s'il en peut être parmi les modernes (1) ; » il est vrai que Voltaire engage l'auteur du poëme que lui avait envoyé M. Favières, et qui n'était autre que M. Favières même, à tourner son talent vers la poésie française. Mais enfin Voltaire a admiré vingt vers au moins du cardinal de Poli-

---

(1) *Dialogues et Entretiens philosophiques; les Adorateurs*, article intitulé : *Le premier Adorateur*.

gnac; et voici ce qu'il a écrit sur *Ver, Carmen pentametrum*, le poëme de M. Favières :

Je vous suis très-obligé, mon cher Favières, des vers latins et français que vous avez bien voulu m'envoyer. Je ne sais point qui est l'auteur des latins; mais je le félicite, quel qu'il soit, sur le goût qu'il a, sur son harmonie, et sur le choix de sa bonne latinité, et surtout de l'espèce convenable à son sujet.

Rien n'est si commun que des vers latins dans lesquels on mêle le style de Virgile avec celui de Térence, ou des épîtres d'Horace. Ici, il paraît que l'auteur s'est toujours servi de ces expressions tendres et harmonieuses qu'on trouve dans les églogues de Virgile, dans Tibulle, dans Properce, et même dans quelques endroits de Pétrone, qui respirent la mollesse et la volupté.

Je suis enchanté de ces vers :

> Ridet ager, lascivit humus, nova nascitur arbos.
> Basia lascivæ jungunt repetita columbæ.

Et en parlant de l'Amour :

> Vulnere qui certo lædere pectus amat.

Je n'oublierai pas cet endroit où il parle des plaisirs qui fuient avec la jeunesse :

> Sic fugit humanæ tempestas aurea vitæ,
>   Arguti fugiunt, agmina blanda, joci.

Je citerais trop de vers, si je marquais tous ceux dont j'ai goûté la force et l'énergie (1).

On peut donc faire de bons vers latins, du propre aveu de Voltaire. Je ne dis pas que ceux de M. Favières me paraissent excellents; mais Voltaire les a trouvés tels. Il est donc permis, de par Voltaire, d'admirer des vers latins modernes. Je n'abuserai jamais de la permission; pourtant je ne suis pas fâché, dans le cas où il me prendrait fantaisie d'en admirer, fût-ce de Santeul ou même de Commire, de ne pas me trouver, *ipso facto*, membre d'une confrérie de badauds et d'imbéciles.

Je reviens aux œuvres latines de Voltaire. Voltaire a écrit des vers latins qui ne sont pas bons, et de la prose latine qui ne vaut rien du tout. La conclusion sort d'elle-même. Il est évident que Voltaire a fini par oublier presque tout ce qu'avait su le jeune Arouet. Les lectures de la rue du Long-Pont ou des bords de la Blaise n'avaient pas compensé les pertes continues de dix, de vingt, de trente années. Il n'est

---

(1) *Correspondance générale*, 4 mars 1731.

guère probable que Voltaire ait jamais recouvré,
durant les vingt-six années qu'il vécut après son
dernier billet latin, ce qu'il ne possédait plus à
l'époque de *Zaïre* ou de *Mahomet*. Remarquez
que je me borne à constater un fait manifeste.
Je laisse au lecteur le soin d'en tirer les conséquences.

Je ne crois pas pourtant qu'il soit juste
de les étendre bien loin. Ce fait nous fournit
une présomption contre la science latine de Voltaire ; mais affirmer que Voltaire savait mal le
latin, uniquement parce qu'il a mal écrit en
latin, ce serait, selon moi, presser le fait outre
mesure.

Écrire agréablement une page de prose
latine, une pièce de vers latins, c'est prouver
qu'on sait du latin, mais non point qu'on sait le
latin, qu'on est vraiment humaniste. Il y a maint
exemple, chez les Jésuites et ailleurs, d'hommes
dont les écrits latins ne sont pas sans mérite, et
qui étaient de pauvres philologues. Il y a, en
revanche, des philologues très-savants qui ont
fait d'inqualifiables vers latins, ou rédigé leurs
commentaires en prose latine inqualifiable. Je ne
dis pas qu'ils aient cultivé précisément, comme

Voltaire, le barbarisme, le solécisme et la faute de quantité; mais leur latin est de l'allemand, de l'anglais, tout ce qu'il vous plaira : ce n'est ni Virgile, ni Cicéron; ce n'est pas même Silius Italicus, ni Suétone.

CHAPITRE X

VOLTAIRE SE MET AU GREC

J'ai mentionné, parmi les essais poétiques de l'écolier Arouet, de petites pièces de vers empruntées au recueil anacréontique et à l'*Anthologie*. Ne faites pourtant point un helléniste de l'écolier Arouet. Il n'avait pas même besoin d'épeler l'original des morceaux qu'il versifiait. La Motte a imité les odes attribuées à Anacréon; et La Motte, de son propre aveu, ignorait l'alphabet grec. Il rimait la prose de

madame Dacier. L'écolier Arouet a pu en faire
autant. Il a pu, ce qui valait mieux, et ce qui
était au-dessus des capacités de La Motte, prendre pour texte la traduction latine. C'est probablement sur le latin qu'il lisait l'*Anthologie*.
Son savoir, en fait de grec, à seize ou dix-sept
ans, n'allait pas jusqu'à la lecture courante,
je ne dis pas de l'*Anthologie*, qui a ses difficultés
quelquefois, mais des poésies anacréontiques,
qui n'en offrent aucunes. Que s'il lisait l'Anacréon, c'est avec un œil sur le latin, ou à l'aide
du français de madame Dacier. Il s'entendait
au grec comme le P. Porée, ou, si l'on veut,
comme un de ces professeurs à l'intention de
qui le P. Jouvency a rédigé sa méthode pour
apprendre. Il avait, suivant le mot autrefois
consacré, une teinture de grec. Il avait appris
l'alphabet, les déclinaisons et les conjugaisons,
et il n'était pas hors d'état peut-être de se tirer
d'une fable d'Ésope. Encore est-ce beaucoup
dire. Je ne lui en fais pas un crime. Il n'était
aucunement tenu de connaître ce qu'on ne lui
avait pas enseigné, ce qu'ignoraient la plupart
de ses maîtres. Il s'agit de déterminer ce que
Voltaire a ajouté à cette science un peu plus

qu'imparfaite. Alfiéri, vers l'âge de cinquante
ans, se mit au grec, et devint bon helléniste.
Sainte-Beuve était déjà illustre quand il commença à étudier ces poëtes grecs qu'il possède
si bien, et dont il disserte à merveille. Voltaire leur avait-il donné l'exemple ?

On l'eût fait bondir de fureur si l'on s'était
avisé, devant lui, d'insinuer le moindre doute
sur sa compétence dans les matières qui supposent la connaissance approfondie des lettres
grecques. Son ambition allait même un peu
loin. Il entreprit un jour de persuader au public
que rien ne lui avait jamais manqué en ce
genre, même dès la plus tendre jeunesse. C'était
en 1750. Il dédiait *Oreste* à la duchesse du
Maine. La dédicace est une longue épître, ou
plutôt une longue dissertation littéraire, où sont
traitées quelques-unes des plus importantes
questions de l'art dramatique. Voltaire y raconte
aussi à sa manière l'histoire de la tragédie
d'*OEdipe*. C'est le passage qui nous intéresse.

Après avoir loué la duchesse de la protection
que les beaux-arts avaient de tout temps trouvée dans son palais : « Je me souviendrai toujours, ajoute-t-il, que, presque au sortir de

l'enfance, j'eus le bonheur d'y entendre quelquefois un homme dans qui l'érudition la plus profonde n'avait point éteint le génie, et qui cultivait l'esprit de Monseigneur le duc de Bourgogne, ainsi que le vôtre et celui de M. le duc du Maine; travaux heureux, dans lesquels il fut si puissamment secondé par la nature. Il prenait quelquefois, devant V. A. S., un Sophocle, un Euripide : il traduisait sur-le-champ en français une de leurs tragédies. L'admiration, l'enthousiasme dont il était saisi, lui inspiraient des expressions qui répondaient à la mâle énergie des vers grecs, autant qu'il est possible d'en approcher dans la prose d'une langue à peine tirée de la barbarie, et qui, polie par tant de grands auteurs, manque encore pourtant de précision, de force et d'abondance... Cependant M. de Malézieu, par les effets que produisait un enthousiasme subit, et par un récit véhément, semblait suppléer à la pauvreté de la langue, et mettre dans sa déclamation toute l'âme des grands hommes d'Athènes...

« Vous engageâtes, Madame, cet homme d'un esprit presque universel à traduire, avec une fidélité pleine d'élégance et de force, l'*Iphigénie en*

Tauride d'Euripide. On la représenta dans une
fête qu'il eut l'honneur de donner à V. A. S.,
fête digne de celle qui la recevait et de celui
qui en faisait les honneurs : vous y représentiez
Iphigénie. Je fus témoin de ce spectacle ; je
n'avais alors nulle habitude de notre théâtre
français ; il ne m'entra pas dans la tête qu'on
pût mêler de la galanterie dans ce sujet tragique : je me livrai aux mœurs et aux coutumes
de la Grèce, d'autant plus aisément qu'à peine
j'en connaissais d'autres ; j'admirai l'antique
dans toute sa noble simplicité. Ce fut là ce qui
me donna la première idée de faire la tragédie
d'*Œdipe*, sans même avoir lu celle de Corneille. Je commençai par m'essayer en traduisant la fameuse scène de Sophocle, qui contient
la double confidence de Jocaste et d'Œdipe...

« V. A. S. se souvient que j'eus l'honneur de
lire *Œdipe* devant elle. La scène de Sophocle
ne fut assurément pas condamnée à ce tribu-
nal ; mais vous, et M. le cardinal de Polignac,
et M. de Malézieu, et tout ce qui composait votre
cour, vous me blâmâtes universellement, et avec
très-grande raison, d'avoir prononcé le mot
d'amour dans un ouvrage où Sophocle avait si

bien réussi sans ce malheureux ornement étranger ; et ce qui seul avait fait recevoir ma pièce
fut précisément le seul défaut que vous con-
damnâtes.

« Les comédiens jouèrent à regret *OEdipe*,
dont ils n'espéraient rien. Le public fut entièrement de votre avis : tout ce qui était dans le
goût de Sophocle fut applaudi généralement ; et
ce qui ressentait un peu la passion de l'amour
fut condamné de tous les critiques éclairés. En
effet, madame, quelle place pour la galanterie
que le parricide et l'inceste qui désolent une
famille, et la contagion qui ravage un pays ! Et
quel exemple plus frappant du ridicule de notre
théâtre et du pouvoir de l'habitude, que Corneille, d'un côté, qui fait dire à Thésée :

> Quelque ravage affreux qu'étale ici la peste,
> L'absence aux vrais amants est encore plus funeste;

et moi qui, soixante ans après lui, viens faire
parler une vieille Jocaste d'un vieil amour; et
tout cela pour complaire au goût le plus fade et
le plus faux qui ait jamais corrompu la littérature ! »

Ceci n'est pas seulement une amende hono-
rable de l'auteur d'*OEdipe* à l'auteur d'*OEdipe-
Roi*. Ou les mots ne signifient rien, ou Voltaire
veut donner à entendre que le jeune Arouet,
dès ses premières visites à l'Arsenal et à Sceaux,
est devenu le zélateur de Malézieu, et s'est em-
pressé de contracter avec Euripide et Sophocle
le commerce le plus intime. Il serait à souhaiter
que ce récit fût vrai, et surtout que Voltaire, au
temps d'*OEdipe*, eût pensé sur l'œuvre de Sophocle et sur la sienne avec ce bon sens et ce
goût exquis qu'on vient d'admirer. Voltaire, à
cinquante-six ans, parle d'or ; mais Voltaire, à
vingt-cinq ans, écrivait les *Lettres à M. de
Genonville*. Il les avait oubliées, selon toute
apparence, ou il n'en avait plus que de vagues
souvenirs, quand il mettait son *Oreste* sous la
protection de la duchesse du Maine. Ceux qui
ont lu ce commentaire de l'*OEdipe* français
savent comme moi tout ce qu'il faut rabattre de
cette naïveté, de cette modestie, de cette raison
précoce, de cette passion pour l'antique, que
Voltaire se prête rétrospectivement à lui-même,
en racontant son début dans la tragédie. On a
vu le roman, voici la réalité.

12

Et d'abord, je crois infiniment peu aux merveilles opérées par M. de Malézieu improvisant, devant la cour de Sceaux et de l'Arsenal, ses traductions de Sophocle ou d'Euripide. Cette anecdote a un malheur : on la dirait copiée, *mutatis mutandis*, dans l'*Histoire de l'Académie française* par l'abbé d'Olivet. « Je me souviens, dit M. de Valincour dans une lettre sur Racine transcrite par l'historien, qu'étant un jour à Auteuil chez Despréaux, avec M. Nicole et quelques autres amis d'un mérite distingué, nous mîmes Racine sur l'*OEdipe* de Sophocle. Il nous le récita tout entier, le traduisant sur-le-champ ; et il s'émut à un tel point que, tout ce que nous étions d'auditeurs, nous éprouvâmes tous les sentiments de terreur et de compassion sur quoi roule cette tragédie. J'ai vu nos meilleurs acteurs sur le théâtre ; j'ai entendu nos meilleures pièces ; mais jamais rien n'approcha du trouble où me jeta ce récit ; et, au moment même où je vous écris, je m'imagine voir encore Racine avec son livre à la main, et nous tous consternés autour de lui. » Je crois tout, dès qu'on m'a nommé Racine. Mais Racine est le seul homme au monde qui ait pu soutenir une telle lutte contre le génie antique. Admettons que M. de Malézieu y ait réussi à son tour, que ce fût même un jeu pour lui de répéter à volonté l'épreuve, et de faire quand il lui plaisait ce que Racine n'a fait qu'une fois en sa vie. Admettons aussi que ce que Voltaire appelle traduire sur-le-champ en français une des tragédies de Sophocle ou d'Euripide, ce n'était pas simplement déclamer quelque morceau, quelque scène plus ou moins courte, et soigneusement préparée à l'avance. Admettons enfin que Voltaire n'a rien pris à M. de Valincour pour embellir sa narration, et que c'est par un pur hasard qu'il s'est servi des expressions mêmes de l'ami de Racine. Dès que madame la duchesse du Maine, à soixante-quinze ans, se laissait dire, sans protester, que son digne pédagogue, quelque quarante ans en çà, avait fait ce que dit Voltaire, il serait mal gracieux d'insister. Et pourtant M. de Malézieu n'était que M. de Malézieu; et il n'a jamais été un homme de génie que dans la phrase où Voltaire félicite la princesse de l'avoir eu pour précepteur.

Je ne chicane nullement sur les mérites litté-

raires de l'*Iphigénie en Tauride*, jouée dans la
fête donnée par M. de Malézieu à la duchesse
du Maine; et je veux que l'héroïne de la fête ait
joué son rôle d Iphigénie à la satisfaction de
tous les invités. Mais quand Voltaire assure que
ce spectacle lui fit goûter l'antique dans toute
sa noble simplicité, et qu'il rêva aussitôt un
OEdipe digne de Sophocle, sans intrigue d'a-
mour et uniquement rempli de la terreur du sujet, il se fait illusion à lui-même; et bien plus
encore quand il affirme que c'est comme con-
traint et forcé qu'il dut introduire sur la scène
une vieille Jocaste parlant d'amour. Cet absurde
épisode est précisément l'invention dont il était
le plus fier dans sa jeunesse. Cet amour lui pa-
raissait très-bien imaginé ; il ne trouvait point
étrange que Jocaste aimât et fût aimée; il ne
consentait pas même à ce que sa Jocaste fût
vieille. « Il faut toujours, disait-il, donner des
passions aux principaux personnages. Eh ! quel
rôle insipide aurait joué Jocaste, si elle n'avait
eu du moins le souvenir d'un amour légitime, et
si elle n'avait craint pour les jours d'un homme
qu'elle avait autrefois aimé!... Je ne puis être de
l'avis de ceux qui trouvent Jocaste trop âgée

pour faire naître encore des passions : elle a pu
être mariée si jeune, et il est si souvent répété
dans la pièce qu'Œdipe est dans une grande
jeunesse, que, sans trop presser les temps, il est
aisé de voir qu'elle n'a pas plus de trente-cinq
ans. Les femmes seraient bien malheureuses, si
l'on n'inspirait plus de sentiments à cet âge (1).»
Ce n'est qu'au bout de longues années qu'il finit
par s'apercevoir combien il avait d'abord fait
fausse route, et qu'il se mit à rejeter sur le mauvais goût de l'époque et sur les exigences des
comédiens la responsabilité des fadeurs amou-
reuses de sa Jocaste et de son Philoctète. Il ne
tint même pas à lui qu'on ne prît plus tard le
change sur son premier dessein, et qu'on ne vît,
dans ce réchauffé de passion, une vétille absolument sans importance. « Je fis à dix-neuf ans,
dit-il quelque part, une tragédie, d'après Sophocle, où il n'y a pas même d'amour (2). »

Veut-on savoir maintenant ce qu'il pensait,
en 1719, de cet *Œdipe* de Sophocle, qu'en 1750

---

(1) *Lettres sur Œdipe*, Lettre V.
(2) *Correspondance générale*, lettre à M. ***, de l'Académie française, mars 1743.

il appelle le chef-d'œuvre de l'antiquité, et où il
félicite le poëte d'avoir si bien réussi à se passer
d'amour? Il n'y voyait qu'un tissu de contradictions, d'absurdités, de vaines déclamations,
sottises sur sottises, à peine l'ombre d'une tragédie. Lisez plutôt la troisième de ses *Lettres
sur OEdipe*. L'*OEdipe* de Sophocle ne fut pour
lui, en réalité, qu'une grossière ébauche à per-
fectionner; et il s'imaginait avoir d'autant mieux
perfectionné l'œuvre antique, qu'il en avait
moins conservé les formes et l'attitude, et qu'il
y avait plus ajouté du sien. Ce n'est pas moi
qui lui prête cette pensée. Il se glorifie lui-même
de ne devoir presque rien à Sophocle : « J'avoue,
dit-il, que peut-être, sans Sophocle, je ne serais
jamais venu à bout de mon *OEdipe;* je ne l'aurais même jamais entrepris. Je traduisis d'abord
la première scène de mon quatrième acte; celle
du grand-prêtre qui accuse le roi est entièrement de lui; la scène des deux vieillards lui appartient encore. Je voudrais lui avoir d'autres
obligations : je les avouerais avec la même bonne
foi (1). » Ainsi, ce que Voltaire a fait, ce qu'il

---

(1) *Lettres sur OEdipe*, Lettre III.

avait bien prétendu faire, c'est un *OEdipe* nouveau, un *OEdipe* qui rappelât le moins possible
l'*OEdipe* antique.

C'est dans le même esprit que La Motte avait
conçu sa fameuse *Iliade*. Seulement Voltaire était
un poëte ; et La Motte n'a jamais été qu'un versificateur, et quel versificateur encore ! Ce qui
est assez curieux, c'est que Voltaire explique la
renommée de Sophocle chez les Grecs dans les
mêmes termes, peu s'en faut, dont s'était servi
La Motte pour expliquer la renommée d'Homère : « Je ne suis point étonné, dit-il, que,
malgré tant d'imperfections, Sophocle ait surpris l'admiration de son siècle. L'harmonie de
ses vers et le pathétique qui règne dans son
style ont pu séduire les Athéniens, qui, avec tout
leur esprit et toute leur politesse, ne pouvaient
avoir une juste idée d'un art qui était encore
dans son enfance. Sophocle touchait au temps
où la tragédie fut inventée. Eschyle, contemporain de Sophocle, était le premier qui se fût
avisé de mettre plusieurs personnages sur la
scène. Nous sommes aussi touchés de l'ébauche
la plus grossière, dans les premières décou-
vertes d'un art, que des beautés les plus ache-

vées, lorsque la perfection nous en est une fois connue. Ainsi Sophocle et Euripide, tout imparfaits qu'ils sont, ont autant réussi chez les Athéniens que Corneille et Racine parmi nous (1). » Du moins La Motte avait eu la bonne foi de convenir qu'il ne jugeait du style et de la langue d'Homère que d'après les témoignages d'autrui. Voltaire prononce, en son propre nom, et sur l'harmonie des vers de Sophocle, et sur le pathétique qui règne dans son style. Il ne connaissait pourtant *OEdipe-Roi* que dans la prose terne, monotone et lourde de M. Dacier. « On avertit qu'on a suivi partout la traduction de M. Dacier, » dit-il en note, à propos des citations de Sophocle qui sont dans sa troisième lettre. Il eût été fort embarrassé de fournir des citations exactes, d'après l'original même. On peut démontrer, par la confrontation des scènes semblables dans les deux *OEdipes*, que Voltaire n'a traduit que Dacier, jamais Sophocle. Mais à quoi bon cette démonstration indirecte?

Nous allons voir directement que Voltaire, à

---

(1) *Lettres sur OEdipe*, Lettre III.

quarante-cinq ans, n'était pas moins ignorant, en fait de grec, qu'à sa sortie des mains du P. Porée. C'est dire assez qu'à dix-neuf ans, quand il composait son *OEdipe*, ou même à vingt-cinq, quand il écrivait les lettres adressées à Genonville, sa science hellénique n'était pas beaucoup plus longue. Ce que j'ai transcrit de ces lettres suffit d'ailleurs à faire comprendre qu'il n'était pas homme à perdre son temps sur le texte de Sophocle et d'Euripide, même avec la certitude d'y trouver un style plein de pathétique et des vers harmonieux. L'excellent M. Dacier, qui lui écrivait une lettre, en 1713, peur l'engager à imiter les chœurs d'*OEdipe-Roi*, n'eût pas mal fait peut-être de profiter de l'occasion pour lui recommander de ne prendre sa prose que pour ce qu'elle valait, et de ne s'en rapporter sur Sophocle qu'à Sophocle lui-même. C'était là, ce me semble, un devoir de conscience. Je ne dis pas que le vieillard n'eût point donné ses conseils en vain.

Je cherche inutilement dans la vie de Voltaire, jusqu'à l'année 1739, rien qui ait trait à un semblant d'études grecques. C'est à Cirey que Voltaire eut un moment l'idée de se mettre

au grec ; et une lettre à Thiriot, du 3 avril 1739,
nous le montre faisant venir de Paris un Démosthène grec et latin, un Euclide grec et latin,
et la traduction française de Démosthène par
Tourreil. Voici maintenant l'aveu qu'il fait à
Thiriot, quelques jours après avoir reçu les livres : « Le Démosthène grec est venu, et je
l'emporte, quoique je ne l'entende guère. J'entends Euclide plus couramment, parce qu'il n'y
a guère que des présents et des participes, et que
d'ailleurs le sens de la proposition est toujours
un dictionnaire infaillible (1). » Il est clair
comme le jour que celui qui n'entendait le grec
d'Euclide que parce qu'il n'y a, à proprement
parler, dans Euclide, que de pures idées, et qui
ne parvenait qu'à grand'peine à épeler le grec
de Démosthène, même avec l'aide de Tourreil,
même avec le latin en regard, ne savait pas le
grec, ne l'avait jamais su, n'avait jamais sé-
rieusement essayé de l'apprendre.

Cette fois même la passion fut de courte du-
rée. Voltaire fut bien vite rebuté par les difficultés, ou détourné par d'autres soucis. Il allait

---

(1) *Correspondance générale*, 7 mai 1739.

partir pour la Belgique, où la marquise du Châtelet était appelée par ses affaires. C'est là qu'il
emportait, comme il dit à Thiriot, le Démosthène grec et latin. Il n'est plus question de
grec dans les lettres datées de Béringhen, de
Bruxelles ou d'Enghien. Desfontaines et les vers,
Newton et le brelan, surtout les fêtes à monter,
ont fait tort à Démosthène. Quand je dis que
Voltaire, durant le voyage, ne songe plus au
grec, je ne parle que des lectures comme celles
qu'il avait ébauchées à Cirey avant le départ.

Il parle quelquefois de grec. Il y a même
une lettre à Helvétius; où il déplore l'ignorance des Belges en fait de grec. « Je vous
avoue à ma honte, lui dit-il, que je n'ai jamais
lu l'*Utopie* de Thomas Morus; cependant, je
m'avisai de donner une fête, il y a quelques
jours, dans Bruxelles, sous le nom de l'envoyé
d'Utopie. La fête était pour madame du Châtelet, comme de raison; mais croiriez-vous
bien qu'il n'y avait personne dans la ville qui
sût ce que veut dire *utopie?* Ce n'est pas ici le
pays des belles lettres (1). » Je suppose du

(1) *Correspondance générale*, 6 juillet 1739.

moins qu'il reproche aux Bruxellois d'ignorer
que le mot *utopie* est formé de deux mots grecs,
et signifie une contrée imaginaire. Puisqu'il
n'avait pas lu Morus, il n'avait pas le droit de
se plaindre que les invités de sa fête en fussent
au même point que lui.

L'excursion hellénique de 1739 ne rendit pas
Voltaire beaucoup plus savant; mais elle ne lui
fut point inutile. J'en juge ainsi d'après la judicieuse page qu'il écrivit, à quelque temps de là,
sur la nécessité d'étudier la langue grecque. Elle
est dans les *Conseils à un Journaliste :*

« Il est triste que le grec soit négligé en
France; mais il n'est pas permis à un journaliste de l'ignorer. Sans cette connaissance, il y a
un grand nombre de mots français dont il n'aura
jamais qu'une idée confuse; car, depuis l'arith-
métique jusqu'à l'astronomie, quel est le terme
d'art qui ne dérive de cette langue admirable?
A peine y a-t-il un muscle, une veine, un liga-
ment dans notre corps, une maladie, un remède,
dont le nom ne soit grec. Donnez-moi deux
jeunes gens, dont l'un saura cette langue et dont
l'autre l'ignorera; que ni l'un ni l'autre n'ait la
moindre teinture d'anatomie; qu'ils entendent

dire qu'un homme est malade d'un *diabétès*, qu'il faut faire à celui-ci une *paracentèse*, que cet autre a une *ankylose* ou un *bubonocèle :* celui qui sait le grec entendra tout d'un coup de quoi il s'agit, parce qu'il voit de quoi ces mots sont composés; l'autre ne comprendra absolument rien.

« Plusieurs mauvais journalistes ont osé donner la prééminence à l'*Iliade* de La Motte sur l'*Iliade* d'Homère. Certainement, s'ils avaient lu Homère en sa langue, ils eussent vu que la traduction est d'autant au-dessous de l'original que Segrais est au-dessous de Virgile.

« Un journaliste versé dans la langue grecque pourra-t-il s'empêcher de remarquer, dans les traductions que Tourreil a faites de Démosthène, quelques faiblesses au milieu de ses beautés? « Si quelqu'un, dit le traducteur, vous demande : « Messieurs les Athéniens, avez-vous la paix? « Non, de par Jupiter, répondrez-vous; nous « avons la guerre avec Philippe. » Le lecteur, sur cet exposé, pourrait croire que Démosthène plaisante à contre-temps; que ces termes familiers et réservés pour le bas comique, *Messieurs les Athéniens, de par Jupiter*, répondent à de

13

parcilles expressions grecques. Il n'en est pourtant rien, et cette faute appartient tout entière au traducteur (1). »

Ces réflexions sont excellentes. Je sais infiniment gré à Voltaire de les avoir faites, et je prends acte de sa profession de foi. Le journaliste à qui il s'adresse n'a pas manqué sans doute de mettre à profit ses conseils; mais peut-être devina-t-il que le conseiller ne parlait que pour la montre, et s'inquiétait fort peu de mettre ses propres actes d'accord avec ses paroles. Nous, qui en avons la certitude, nous comprenons sans beaucoup de peine que ce que Voltaire désirait surtout, en écrivant la page que nous avons citée : c'est que l'univers fût bien persuadé qu'il savait le grec à fond, et qu'il avait conféré La Motte avec Homère, Tourreil avec Démosthène. Pardonnons-lui cette petite supercherie, à raison des bonnes choses qu'elle lui a fait dire; et ne lui demandons même pas si les mots grecs qu'il avait retenus, en épelant Euclide ou en parcourant les *Philippiques*, lui avaient réellement

---

(1) *Mélanges littéraires*; *Conseils à un Journaliste*, article *sur les Langues.*

suffi, comme à son jeune homme, pour ne pas
rester muet devant ces énigmes de *diabétès*, de
paracentèse et de *bubonocèle*. Supposons qu'il a
tiré ce savoir de son cerveau, et non pas des
livres de sa bibliothèque, en feuilletant au hasard quelque dictionnaire des sciences médi-
cales.

Il n'est guère probable que Voltaire ait jamais
renouvelé ses tentatives grecques de 1739 : il
s'en tint à son acquis, et n'y ajouta rien, ou
presque rien, durant le restant de sa longue vie.
Même quand il fit *Oreste*, la plus grecque de ce
qu'il nommait ses pièces grecques, il s'inquiéta
aussi peu du texte de Sophocle qu'autrefois en
faisant *OEdipe*. Seulement il eut le bon goût,
cette fois, de confesser tout ce qu'il devait à son
modèle ; et la dédicace à la duchesse du Maine
n'est pas l'unique monument de l'admiration
qu'il professa pendant quelque temps pour le
maître de la scène antique. Ce qui est certain,
c'est qu'il n'ignorait pas moins le grec en 1772
qu'en 1739. Nous avons même sur ce point un
aveu plus explicite encore que la lettre à Thiriot.
Chabanon lui avait envoyé sa traduction de Pindare. La lettre de remerciement contient des

observations de diverses sortes, dont nous pourrions approuver quelques-unes ; puis Voltaire·
reproche au traducteur de Pindare d'avoir mentionné, dans son discours préliminaire, Cowley,
et non point Dryden, comme le prince des lyri-
ques anglais. Il lui rappelle la *Fête d'Alexandre;*
il lui déclare que, pour sa part, il aime cent fois
mieux cette ode que tout Pindare. La raison qu'il
donne de cette préférence, c'est qu'il sait mieux
l'anglais que le grec. S'il s'était borné à ces paroles, la confession d'ignorance ne serait pas
complète. Il savait admirablement l'anglais : il
eût donc pu être encore assez bon helléniste,
tout en sachant mieux l'anglais que le grec.
Mais, un peu plus loin, il ajoute, à propos de la
musique des odes de Pindare : « Il est très-
probable que les Grecs connaissaient cette harmonie que nous leur nions avec beaucoup d'impudence. Platon le dit expressément et en termes
formels.

Pardon de faire avec vous le savant.
D'un certain magister le rat tenait ces choses,
Et les disait à travers champs, etc.

Gardez-vous bien de me prendre pour un Grec,

sur tout ce que je vous dis là ; car je suis l'homme
du monde le moins Grec. Je devine seulement
que vous devez avoir eu une peine extrême à
rendre en prose agréable et coulante votre su-
blime chantre des cochers grecs et des combats
à coups de poing (1). »

Ce n'était là qu'une confidence d'ami à ami ;
mais l'épître dédicatoire des *Lois de Minos* contient une déclaration publique dans le même
sens, sinon dans les mêmes termes. Cette épître
dédicatoire est adressée au duc de Richelieu, et
sert de préface à la pièce. C'est tout à la fois et
le panégyrique du protecteur, et le panégyrique
de l'auteur.

Voltaire passe de son héros à lui-même
par trois citations sur l'envie. La première
est empruntée au poëme des *OEuvres et Jours*.
C'est celle qui lui fournit l'occasion de répéter
ce qu'il avait dit, quelques mois auparavant, à
M. de Chabanon. « Vous fîtes des jaloux dans
plus d'un genre ; mais ce n'est ni au général, ni
au plus aimable des Français que je m'adresse
ici : je ne parle qu'à mon doyen. Comme il sait

(1) *Correspondance générale*, 9 mars 1772.

le grec aussi bien que moi, je lui citerai d'abord Hésiode, qui, dans l'*Erga kai imerai*, connu de tous les courtisans, dit en termes formels :

Kai keramais keramai kotei, kai tektoni tekton,
Kai ptokos ptoko phdonei, kai acidon acido.

Le potier est ennemi du potier, le maçon du maçon ; le gueux porte envie au gueux, le chanteur au chanteur. »

J'appelle ceci une déclaration publique ; j'ai tort : les lecteurs de Voltaire savaient-ils que son héros, tout académicien qu'il fût, et même doyen de l'Académie, n'était pas précisément un prodige d'érudition ? Je ne serais pas surpris que presque tous eussent entendu cette plaisanterie comme un brevet d'helléniste, que Voltaire se décernait à lui-même. Croyez-vous que la réflexion sur l'*Erga kai imerai* suffît à montrer que Voltaire plaisantait ? Peut-être se figura-t-on, sur la parole du maître, les *OEuvres et Jours* comme un manuel du bon ton à l'usage de Richelieu et des émules de Richelieu. On n'est donc pas même en droit de dire que Voltaire ait jamais désavoué ses prétentions d'helléniste. Mais qu'importe qu'il se soit moqué jusqu'au bout du peuple le plus spirituel de la terre ? Notre problème est résolu.

Au reste, nous verrons en temps et lieu l'helléniste Voltaire à l'œuvre. Nous restituerons ce que Voltaire vient de donner à Richelieu pour du grec d'Hésiode, et nous dirons quelque chose de la traduction qu'il y joint.

CHAPITRE XI

DÉFENSE DE CICÉRON PAR VOLTAIRE

Restes du *Marius* de Cicéron. — Juvénal et l'abbé de Marolles. — Attaque de Voltaire contre Juvénal. — *O fortunatam...* — Explication de *natus*. — Que Juvénal n'a dit que des choses de bon sens. — Qu'il ne déprécie point Cicéron. — Pourquoi il blâme *O fortunatam...* — Voltaire va être plus heureux.

Cicéron avait fait un poëme intitulé *Marius*, et il nous reste quelques beaux vers de ce poëme. Voltaire a cité ce morceau, dans la préface de *Rome sauvée*, et en a donné une brillante imitation en vers français. A la suite, il dit : « Pour peu qu'on ait la moindre étincelle de goût, on apercevra, dans la faiblesse de cette copie, la force du pinceau de l'original. Pourquoi donc Cicéron passe-t-il pour un mauvais poëte? Parce

13. .

qu'il a plu à Juvénal de le dire ; parce qu'on lui
a imputé un vers ridicule :

O fortunatam natam, me consule, Romam !

C'est un vers si mauvais, que le traducteur qui
a voulu en exprimer les défauts en français n'a
pu même y réussir.

O Rome fortunée,
Sous mon consulat née !

ne rend pas à beaucoup près le ridicule du vers
latin. Je demande s'il est possible que l'auteur
du beau morceau de poésie que je viens de citer
ait fait un vers si impertinent ? Il y a des sottises qu'un homme de génie et de sens ne peut
jamais dire. Je m'imagine que le préjugé, qui
n'accorde presque jamais deux genres à un seul
homme, fit croire Cicéron incapable de la poésie
quand il y eut renoncé. Quelque mauvais plaisant, quelque ennemi de la gloire de ce grand
homme, imagina ce vers ridicule, et l'attribua à
l'orateur, au philosophe, au père de Rome.
Juvénal, dans le siècle suivant, adopta ce bruit
populaire, et le fit passer à la postérité dans ses

déclamations satiriques; et j'ose croire que beaucoup de réputations bonnes ou mauvaises se sont ainsi établies. » Voltaire insiste sur cette dernière considération; mais nous n'avons pas besoin de le suivre dans ses hypothèses à propos des deux fameux vers qu'on impute au P. Malebranche.

Cette argumentation suppose que Juvénal était homme à se laisser tromper par un bruit populaire, ou plutôt qu'il a été bien aise de profiter de ce bruit pour faire à Cicéron une réputation de poëte ridicule; que c'est quelque plaisant qui a écrit *O fortunatam*, et qui l'a imputé à Cicéron; que les deux vers de l'abbé de Marolles sont la traduction, sinon complète, du moins approchante, d'*O fortunatam;* enfin que le vers imputé à Cicéron est un vers impertinent, et tout ce qu'on a jamais imaginé de plus absurde au monde.

Sublata causa tollitur effectus. Le vers cité par Juvénal n'est nullement absurde, et n'a rien de commun avec la prétendue traduction de l'abbé de Marolles. *O Romam* ô Rome, *natam* ayant été, *fortunatam* fortunée, *me consule* moi étant consul. Cicéron pouvait laisser

à d'autres le soin de dire que Rome avait été
fortunée sous son consulat. Il a eu tort de le
dire lui-même ; mais, s'il l'a dit, il n'a pas dit
un non-sens. C'est là pourtant ce que signifie,
mot à mot, *O fortunatam natam, me consule,
Romam !* Ce vers est l'exact équivalent de
O Roma! quæ fuisti fortunata, me consule.

Je n'ai pas besoin de rappeler que le verbe
sum n'a ni participe présent ni participe passé.
Ceux qui savent le grec savent comment les
Grecs suppléaient à l'absence du participe passé
de leur verbe εἰμί : ils se servaient de γενόμενος
Les Latins ont fait comme les Grecs. Mais ils
n'avaient que *natus*, l'équivalent exact de γενόμενος,
tandis que les Grecs avaient ὤν et γενόμενος. Ils ont
employé *natus* non-seulement dans le sens du
passé, mais dans le sens du présent. *Pro re
nata, ita natus locus :* dans ces expressions, *natus*
signifie *étant*, et non pas *ayant été*. Quand je
dis que les Latins n'avaient que *natus*, je ne
parle que du supplément direct : personne
n'ignore qu'*étant* et *ayant été* s'expriment ordinairement à l'aide d'une conjonction ou d'un
relatif, et d'un temps personnel du verbe *sum*.
Personne n'ignore non plus qu'*existens, cqnsis-*

tens, et d'autres mots analogues, font quelquefois simple fonction d'*étant ;* et que *veniens* même est réduit à marquer l'état, dans ce vers de Virgile :

Gratior et pulchro veniens in corpore virtus.

Mais ce sont là des hardiesses de langage, ou, si l'on veut, des atténuations de termes comme on en voit à chaque instant dans la diction des poëtes ; tandis que *natus*, c'est le mot de tout le monde, au moins de tous ceux qui veulent se passer d'expressions comme *qui est, qui fuit, quum sit, quum fuerit*, et autres du même genre. Lucrèce a employé maintes fois *natus* dans le sens d'*ayant été*. Un contemporain de Lucrèce, et un homme qui avait sauvé Rome, a donc pu dire :

O fortunatam natam, me consule, Romam !

Mais il fallait être l'abbé de Marolles pour se figurer qu'un bipède parlant quelconque eût jamais dit :

O Rome fortunée,
Sous mon consulat née !

Et il faut savoir le latin comme Voltaire pour se figurer que le vers cité par Juvénal égale ou surpasse en bêtise ce chef-d'œuvre de l'ignorance et de la stupidité françaises.

Que devient donc et l'hypothèse du mauvais plaisant, ennemi de la gloire de Cicéron, et celle de la crédulité de Juvénal ou de son injuste malignité? Voltaire eût pu s'épargner tous ces frais d'esprit et d'éloquence. Il y aurait une page de moins dans ses œuvres, s'il s'était donné la peine d'épeler un peu attentivement les six mots que Juvénal reproche à Cicéron. *O fortunatam* est probablement un mauvais vers; mais Cicéron n'est pas le seul poëte à qui il soit arrivé de faire quelque vers plus ou moins mauvais. Juvénal n'a point dit que Cicéron n'en eût jamais fait de meilleurs, ni même que Cicéron fût un méchant poëte. Juvénal dit que Cicéron eût pu mépriser les glaives d'Antoine, s'il eût toujours parlé comme dans cette apostrophe; et, quand il préfère tout poëme ridicule à la deuxième *Philippique*, il n'insinue point que Cicéron ait composé des poëmes ridicules : il remarque simplement qu'on ne coupe pas la tête et la main aux hommes sans talent, et que le talent, s'il donne la renommée, ne donne pas précisément le bonheur :

Ingenio manus est et cervix cæsa; nec unquam
Sanguine causidici maduerunt Rostra pusilli.
O fortunatam natam, me consule, Romam !
Antoni gladios potuit contemnere, si sic
Omnia dixisset. Ridenda poemata malo
Quam te conspicuæ, divina Philippica, famæ,
Volveris a prima quæ proxima.

C'est dans la satire des *Vœux*. C'est un exemple que Juvénal remet sous les yeux de ces apprentis orateurs qui rêvaient, dès l'école, les triomphes oratoires, et qui allaient implorant Minerve, tout le long des Quinquatries, afin que la déesse fît d'eux un jour des Démosthènes et des Cicérons.

Quant à la malignité, il n'y en a pas l'ombre. Jamais Cicéron n'a été mieux loué, ni plus éloquemment, si ce n'est par Juvénal lui-même, quand Juvénal rappelle à Ponticus et aux nobles cet Arpinate sans ancêtres, ce chevalier de municipe, qui avait mérité que Rome le proclamât père de la patrie. Tout ce qu'on pourrait reprocher à Juvénal, c'est de n'avoir pas noté ce qui le choquait dans le vers de Cicéron. C'était sans

doute l'inconvenance de l'exclamation ; c'était
certainement aussi l'écho désagréable des con-
sonnances. Les contemporains de Cicéron ont
pu être sévères pour le premier défaut ; mais ils
n'ont pas même aperçu l'autre. Bien mieux,
fortunatam natam dut leur paraître une ingénieuse trouvaille. Ils aimaient ces allittérations,
comme nos ancêtres aimaient les rimes carillon-
nantes. Les premiers poëtes latins sont pleins de
puérilités de ce genre. Cicéron n'avait fait que
caresser un goût universel. Mais Juvénal était
bien en droit, un siècle après Cicéron, de pré-
férer l'harmonie de Virgile, et de ne point
admirer des combinaisons plutôt bizarres que
charmantes.

Voltaire, en se trompant sur le mot *natus*,
ne faisait guère tort qu'à lui-même ; et la petite incursion contre Juvénal a son excuse dans
le sentiment même qui l'a provoquée, je veux
dire une admiration vive et sincère pour le talent poétique de Cicéron. Nous allons voir Voltaire, à l'aide de son ignorance même, rempor-
tant un de ses plus bruyants triomphes, et un
triomphe dont les échos retentissent encore à
nos oreilles. Ceci n'est plus seulement un para-

graphe de dissertation littéraire : c'est un chapitre curieux de l'histoire de l'Université; c'est
aussi, selon moi, un curieux chapitre de l'histoire des aberrations de l'esprit humain.

CHAPITRE XII

VOLTAIRE TRIOMPHE DE L'UNIVERSITÉ

Haine de Voltaire contre l'Université. — Censure de *Bélisaire*. — Riballier. — Cogé *pecus*. — Concours des maîtres ès arts. — Programme du recteur Cogé. — Vœu de Bertrand. — Raton s'exécute. — L'avocat Belleguier. — Bertrand s'égaye. — Enfantement de l'œuvre de M᷉ Belleguier. — Impatience de Bertrand. — Apparition du chef-d'œuvre. — Atticisme des éditeurs de Kehl. — *Aventure de la Mémoire.* — Apologie du programme de Cogé. — Satisfactions données à M᷉ Belleguier. — Que Cicéron et Tite-Live ne savaient pas leur langue. — *Non magis* égale *tantum*, et *tantum* égale *non minus*. — L'ami d'Horace a oublié son ami. — Le disciple de Tacite a oublié son maître. — Le triomphe de Voltaire dure encore. — *Eppur, si muove !*

Voltaire exécrait l'Université. Il n'y a qu'une seule époque dans sa vie où cette haine semble avoir fait place un instant à des sentiments moins aigres. C'est quand il s'agit, entre le proviseur du collége d'Harcourt et lui, de faire jouer *la Mort de César* par des écoliers. Je n'ai

nul besoin de rappeler les innombrables monuments de l'hostilité de Voltaire et contre le corps,
et contre les membres du corps, illustres ou
non illustres.

La Faculté de Théologie censura le *Bélisaire*
de Marmontel. Ce fut une occasion toute naturelle pour un redoublement d'attaques; et le
paroxysme dura, peu s'en faut, jusqu'au dernier jour de la vie de Voltaire. C'est après la
censure de *Bélisaire*, que Voltaire fit voyager à
Paris Titus, Trajan et Marc-Aurèle, et les amena
en Sorbonne.

> Ils entrent dans l'étable où les docteurs fourrés
> Ruminaient saint Thomas, et prenaient leurs degrés.
> Au séjour de l'*Ergo*, Ribaudier en personne
> Estropiait alors un discours en latin.
> Quel latin, juste ciel! les héros de l'Empire
> Se mordaient les cinq doigts pour s'empêcher de rire (1).

A propos de ces vers, et de ceux où un gros
Augustin proclame les décisions du Concile per-
manent des Gaules : « Il est nécessaire, remarque l'annotateur prétendu du prétendu abbé
Caille, de dire au public, qui l'a oublié, qu'un

---

(1) *Les trois Empereurs en Sorbonne.*

nommé Ribalier, principal du collége Mazarin, et un régent nommé Cogé, s'étant avisés d'être jaloux de l'excellent livre moral de *Bélisaire*, cabalèrent pendant un an pour le faire censurer par ceux qu'on appelle *docteurs de Sorbonne*. Au bout d'un an, ils firent imprimer cette censure, en latin et en français : elle n'est cependant ni française ni latine ; le titre même est un solécisme, *Censure de la Faculté de Théologie contre le livre*, etc. On ne dit point *censure contre*, mais *censure de*. Le public pardonne à la Faculté de ne pas savoir le français ; on lui pardonne moins de ne pas savoir le latin. *Determinatio sacræ Facultatis in libellum* est une expression ridicule. *Determinatio* ne se trouve ni dans Cicéron ni dans aucun bon auteur ; *determinatio in* est un barbarisme insupportable ; et, ce qui est encore plus barbare, c'est d'appeler *Bélisaire* un libelle, en faisant un mauvais libelle contre lui. »

Je n'ai pas cité ceci pour relever des erreurs en fait de latin, mais pour montrer en quel style Voltaire parlait de l'Université. Il est impossible pourtant de ne pas noter que *determinatio* est précisément un mot de Cicéron ; que *determi-*

natio in n'est pas plus un barbarisme que *dis-sertatio in*, *annotatio in*, et toutes les locutions où *in* suit un nominatif; enfin, que *libellus* n'a jamais signifié un libelle. Ce qui ne veut pas dire que j'approuve ni *determinatio* dans le sens de censure, ni *determinatio in* en titre, ni *libel-lum* pour désigner un livre assez volumineux, ni surtout le français *censure contre*. Les éditeurs de Kehl avouent eux-mêmes que Ribalier, ou plus exactement Riballier, syndic de Sorbonne, était un homme de mœurs douces, assez tolérant, et qui avait cédé malgré lui, dans cette circonstance, à ce qu'ils nomment le délire théologique de ses confrères. Quant à Cogé, ou plutôt Coger, il restera dans la postérité comme un type éternel d'ignorance et d'imbécillité, non pas seulement parce qu'il a osé attaquer *Bélisaire*, mais parce qu'il a eu le malheur d'avoir le sens commun et de savoir le latin. C'est ici que commence notre histoire.

Cogé *pecus!* il faut bien croire que cela est très-spirituel, puisque les hommes les plus spirituels du monde ont si souvent répété Cogé *pecus*, et puisque Cogé *pecus* fait encore rire, après tantôt cent ans, le peuple le plus spirituel de l'Europe. Va donc pour Cogé *pecus*. Admettons que Cogé méritait tous les reproches que lui adresse Voltaire, et même que Voltaire a eu raison de l'appeler son Ravaillac, puisqu'il plaisait à Voltaire qu'on ne dît pas qu'il avait fait un poëme sur la religion naturelle, et qu'on dît que le *Dictionnaire philosophique* était l'œuvre de plus de vingt mains différentes, et dont pas une n'était celle de Voltaire. Ce qui est certain, c'est que l'Université estimait le talent et le caractère du professeur Cogé, et qu'elle lui en donna des preuves. Cogé était recteur en 1772. C'est dire que les violentes attaques dont il avait été l'objet n'avaient entamé au fond ni sa réputation ni sa personne. Qui sait même si son élection n'avait pas été déterminée par cet instinct de justice qui nous porte naturellement à prendre parti pour les victimes et les faibles?

Une des fonctions du recteur de l'Université, c'était de publier, avant le 1ᵉʳ janvier, un programme pour le concours des maîtres ès arts. Les maîtres ès arts répondaient, dans l'ancienne Université, à ce que nous nommons aujourd'hui les docteurs ès lettres et les docteurs ès sciences. En 1747, le libraire Coignard avait fondé un

prix d'éloquence latine pour les maîtres ès arts ;
et ce prix était décerné chaque année, le jour
même de la distribution des prix du Concours
général des colléges. Les concurrents avaient
plusieurs mois pour composer leur discours.
C'est ainsi que le sujet du prix à décerner au
mois d'août 1773 fut indiqué dès avant la fin
de l'année 1772.

« Voilà, écrit aussitôt d'Alembert à Voltaire,
les cuistres de l'Université qui viennent de son-
ner un nouveau tocsin. Dirigés par le recteur
Cogé *pecus*, qui est à leur tête, ils viennent de
proposer pour le sujet d'éloquence latine qu'ils
proposent tous les ans pour prix à tous les autres
cuistres du royaume : *Non magis Deo quam
regibus infensa est, ista quœ vocatur hodie phi-
losophia.* Admirez néanmoins avec quelle bêtise
cette belle question est énoncée ; car ce beau
latin, traduit littéralement, veut dire que *la philosophie n'est pas plus ennemie de Dieu que des
rois ;* ce qui signifie, en bon français, qu'elle
n'est ennemie ni des uns ni des autres. Voyez
avec quel jugement ces marauds savent rendre
ce qu'ils veulent dire. Il me semble que ce serait
bien le cas de répondre à leur belle question,

non en latin, mais en bel et bon français, pour
être lu par tout le monde. Il faudrait que l'auteur fît semblant d'entendre l'assertion de ces
cuistres dans le sens très-vrai et très-naturel
qu'elle présente, mais qu'ils n'avaient pas l'intention d'y donner (1). » Puis d'Alembert trace
le plan du discours apologétique, et il raconte à
son cher maître quelques nouvelles noirceurs de
Cogé.

Voltaire s'empresse de satisfaire au vœu de
d'Alembert. Il ne dort pas que le discours ne
soit fait, et c'est la bonne nouvelle qu'il donne à
d'Alembert pour étrennes : « Mon cher et digne
soutien de la raison expirante, je pourrais vous
dire : Si vous voulez voir un beau tour, faites-le;
mais vous êtes nécessaire à la bonne cause, vous
êtes dans la fleur de l'âge, vous êtes secrétaire
de quarante gens pleins d'esprit; je suis inutile,
je suis sur le bord de ma fosse, je n'ai rien à
risquer; je serai très-volontiers le chat qui tire
les marrons du feu. Le *non magis* m'a tant fait
rire, tout malingre que je suis, que je n'en ai pu
dormir de la nuit, et que j'ai passé les premières

___

(1) *Correspondance avec d'Alembert*, 26 décembre 1772.

vingt-quatre heures de l'année 1773 à me brûler la patte en tirant vos marrons. Tout ce que je crains, c'est que les pauvres diables ne se dou·tent de leur sottise, et ne changent leur *non magis* en *non minus*, ce qui rendrait ma nuit blanche absolument inutile (1). »

Quelques jours plus tard, Voltaire écrit encore à d'Alembert, au sujet du discours : « J'ai découvert, mon cher ami, que l'auteur du discours pour le prix de l'Université s'appelle Belleguier, ancien avocat dans je ne sais plus quelle classe du Parlement. Son style m'a paru médiocre ; mais tous les faits qu'il rapporte sont si vrais et si incontestables, que je tremble pour lui. Souvenez-vous, dans l'occasion, de l'avocat Belleguier, et ne vous moquez pas trop de l'Université, de peur qu'elle ne se rétracte (2). »

Voltaire écrit le même jour à Condorcet : « Il y a un M. de Belguai, ou de Belleguerre, ou Belleguier, qui a composé pour le prix de l'Université selon vos vues : c'est un ancien avocat retiré. J'ai lu quelque chose de son discours.

(1) *Correspondance avec d'Alembert*, 1er janvier 1773.
(2) *Correspondance avec d'Alembert*, 4 janvier 1773.

Cela est si terrible et si vrai, que j'en crains la publication. »

Voltaire savait que le pseudonyme ne suffisait pas pour garantir l'auteur véritable, si l'autorité venait à prendre quelque ombrage. Aussi se recommande-t-il aux bons offices de ses amis, pour détourner tous les coups qu'on pourrait lui porter : « Raton tire les marrons pour Bertrand du meilleur de son cœur; il prie Dieu seulement qu'il n'ait que les pattes de brûlées. Il compte que, vous et M. de Condorcet, vous ferez taire les malins qui pourraient jeter des soupçons sur Raton; cela est sérieux au moins (1). »

« Je me hâte, mon cher maître, répond d'Alembert à la lettre des étrennes, de vous tirer d'inquiétude au sujet du plaisant *non magis*. N'ayez pas peur que ces cuistres y changent rien; ils prétendent même qu'il est beaucoup plus latin de dire : *non magis Deo quam regibus*, etc., que *non minus regibus quam Deo*, etc.; c'est-à-dire, apparemment, selon cette canaille, que rien n'est plus latin que de dire tout le contraire de ce qu'on veut dire. Ils ont mieux fait;

---

(1) *Correspondance avec d'Alembert*, 9 janvier 1773.

ils ont signé eux-mêmes leur ineptie, en marquant bêtement la crainte qu'ils avaient qu'on ne les entendît à rebours. Cogé *pecus* a écrit lui-même de sa main, au-dessous de la proposition latine, dans le programme imprimé, cette traduction : *La prétendue philosophie de nos jours n'est pas moins ennemie du trône que de l'autel ;* et j'ai sous les yeux un de ces programmes. Voilà une cascade de sottises qui donnera beau jeu aux rieurs, et que je recommande à votre bonne humeur et à vos nuits blanches à force de rire. Tâchez pourtant, tout en riant, de dormir un peu (1). »

Dans une autre lettre, à propos d'un tour que l'Académie française venait de jouer à l'archevêque de Paris, d'Alembert parle encore de l'Université et de son programme : « On vient de jouer un plaisant tour à Cogé *pecus* et aux cuistres ses consorts, dans *l'Avant-Coureur.* On a traduit littéralement sa belle proposition latine..., *La philosophie... n'est pas plus ennemie de Dieu que des rois ;* et on ajoute *que ce sujet lui-même est très-philosophique.* Je sais qu'on se prépare à se moquer de lui dans d'autres

---

(1) *Correspondance avec d'Alembert*, 9 janvier 1773.

journaux, sans compter peut-être ce qui lui viendra d'ailleurs (1). »

Le discours de M. Belleguier était déjà sous la presse, et Voltaire était impatient de l'envoyer à ses amis. « M. Belleguier m'a écrit, dit-il à d'Alembert, que vous auriez reçu son discours pour les prix de l'Université il y a plus de huit jours, si ses typographes n'avaient pas été inquiétés à Montpellier, où sa drôlerie s'imprime. Ce M. Belleguier n'est point plaisant, ou du moins il n'a pas cru qu'on dût plaisanter dans cette affaire. Il est quelquefois un peu ironique ; mais il prouve tout ce qu'il dit par des faits authentiques, auxquels il n'y a pas le petit mot à répondre. Je ne crois pas qu'il ait le prix ; car ce n'est pas la vérité qui le donne. La pauvre diablesse est toujours au fond de son puits, où elle crie : *Croyez cela, et buvez de l'eau* (2). »

Quant à la crainte de voir l'Université changer son programme, et rendre inutiles les travaux et même la personne de M. Belleguier, Voltaire ne tarda pas à recevoir de d'Alembert

---

(1) *Correspondance avec d'Alembert*, 12 janvier 1773.
(2) *Correspondance avec d'Alembert*, 15 janvier 1773.

les plus rassurantes nouvelles : «Encore une fois, disait Bertrand, n'ayez pas peur que l'Université se rétracte. Je ne doute point que nous ne voyons (ou voyions) incessamment, dans les feuilles d'Aliboron; une belle diatribe pour prouver qu'on ne pouvait pas dire en meilleur latin, *que la philosophie n'est pas moins ennemie du trône que de l'autel.* Vous avez vu, sans doute, le numéro 3 de la *Gazette littéraire des Deux-Ponts* de cette année, où l'on traduit en bon français le beau latin de cette canaille, et où l'on félicite un corps aussi sage et aussi respectable que l'Université de rendre un aussi éclatant hommage à la philosophie, tandis que des pédants, des hypocrites et des imbéciles déclament contre elle. Cet article a été lu samedi en pleine Académie, en présence de Tartufe et de Laurent, qui n'ont dit mot, tandis que tout le reste applaudissait; et j'ai conclu, après la lecture, que ce n'était pas le tout d'être fanatique, qu'il fallait tâcher encore de n'être pas ridicule. Quoi qu'il en soit, j'attends avec impatience le plaidoyer de l'avocat Belleguier (1). » Puis Bertrand remarque que

---

(1) *Correspondance avec d'Alembert*, 15 janvier 1773.

l'avocat a beau jeu pour prouver sa thèse, et dit
ce qu'il ferait lui-même s'il avait l'honneur d'être
sur les bancs, et de porter la parole pour défendre la philosophie.

Raton répond d'abord à la lettre qui avait
précédé celle-ci : « Je ne connais point cet
Avant-Coureur ; j'ignore quelle est la belle âme
qui a si bien traduit le latin de Cogé *pecus.*
L'avocat Belleguier est toujours persuadé qu'il
aura un accessit le grand jour de la distribution
des prix de l'Université. Il voudrait vous avoir
déjà confié son ouvrage; mais sûrement la se-
maine où nous entrons ne se passera pas sans
qu'on vous en envoie quelques exemplaires; vous
en aurez de poste en poste : vous les pourrez
faire circuler par l'homme intelligent qui fait si
bien les commissions à la sacristie de Saint-
Roch. » Le dernier trait est une allusion à l'offrande que l'Académie, sur la proposition de
d'Alembert, avait envoyée à l'archevêque de
Paris, après l'incendie de l'Hôtel-Dieu, et comme
le denier de la philosophie. Raton continue :
« J'ai fait ce que j'ai pu auprès de M. Belleguier, pour l'engager à être plus plaisant et à
moins tourner le poignard dans la plaie; mais il

n'est pas possible de donner de la gaieté et de la légèreté à un vieil avocat; ces gens-là aiment trop l'ithos et le pathos. J'ai peur que ce M. Belleguier ne se fasse des affaires; mais je m'en lave les mains. »

Cette lettre est du 18 janvier. Elle est bientôt suivie d'une autre : « Oui, mon illustre Bertrand, j'ai lu l'annonce qui se trouve dans la *Gazette littéraire des Deux-Ponts*, par M. de Fontenelle. Jamais M. de Fontenelle n'aurait osé en dire autant. La diatribe de l'avocat Belleguier ne pourra partir, à ce qu'il m'a mandé, que mercredi prochain, 27 du mois. Ce pauvre avocat tremble; il a les meilleures intentions du monde; il n'a dit que la vérité, et c'est pour cela même qu'il tremble. Il dit qu'il vous enverra d'abord un petit nombre d'exemplaires, pour sonder le terrain. » A la fin de la lettre, un post-scriptum rappelle encore M. Belleguier, et nous fait connaître quelle était précisément cette ville de Montpellier où s'imprimait sa drôlerie : « *N. B.* Il n'est pas encore bien sûr que M. Belleguier puisse envoyer sa diatribe le 27, à cause des petits troubles qui règnent encore dans la ville; mais qu'elle se mette en route le 27 ou le 29, il

n'importe. Le grand point est de soutenir qu'elle vient de Belleguier, et non pas de Raton (1). »
Au reste, le lecteur n'avait nul besoin qu'on lui dît que Montpellier n'était pas Montpellier, mais Genève.

Le 1er février, Paris ne possédait pas encore le chef-d'œuvre, et Bertrand s'en dépitait : « J'attends, mon cher maître, avec impatience, la diatribe de Raton-Belleguier ; et je vous assure que Bertrand sent déjà de loin l'odeur des marrons, et qu'il a bien envie, non-seulement de les croquer, mais de les faire croquer à tous les Bertrands et Ratons ses confrères. »

Deux ou trois jours plus tard, Bertrand et ses confrères avaient le *Discours*, et Raton recevait leurs actions de grâces : « Raton-Belleguier est un saint homme de chat, et le premier chat du monde pour tirer les marrons du feu sans se brûler trop les pattes. Ces marrons ont été reçus, et Bertrand les a distribués à tous les Bertrands ses confrères, dignes de les manger. Tous pensent unanimement que Raton a rendu un précieux service à la cause commune des Ber-

(1) *Correspondance avec d'Alembert*, 25 janvier 1773.

trands et des Ratons; mais que Raton n'a rien
à craindre pour ses pattes, et qu'il n'y a pas de
quoi *fouetter un chat* dans la petite espièglerie
qu'il vient de faire. Les pauvres *rats d'église*
pourront être un peu mécontents; mais cette
fois-ci ils n'oseront pas trop sortir de leurs
trous; il n'y aurait que des coups à gagner pour
eux (1). »

Les éditeurs de Kehl, qui aiment la plaisanterie, n'ont pas manqué de mettre en tête du
*Discours de M*e *Belleguier* un Avertissement dans
ce genre badin qui avait si bien réussi à Voltaire, et qui n'est que grimaçant et ridicule
sous la plume des singes de Voltaire. Ils nous
apprennent donc que l'Université de Paris est
dans l'usage de proposer chaque année un prix
d'éloquence latine. L'Université, selon eux,
méprise la langue française, et la qualifie de
langue des laquais; et, si les maîtres ès arts
sont seuls appelés à concourir, c'est que l'Université, quand il y avait des Jésuites, voulait
s'épargner le désagrément de couronner par
mégarde le latin du collége de Clermont. Voilà

_____

(1) *Correspondance avec d'Alembert*, 4 février 1773.

comment ces messieurs entendent, ou feignent
d'entendre, les mots *vernacula lingua* dont se
servait l'Université pour désigner la langue française, et comment ils prêtent à l'illustre Compagnie un dessein propre, là où elle n'avait fait
que se conformer aux volontés du fondateur du
prix. Notez que le libraire Coignard vécut plusieurs années encore après sa largesse, et qu'on
ne peut pas dire ici qu'il y eût interprétation
plus ou moins arbitraire, comme pour le testament du chanoine Legendre. Ils font ensuite
l'histoire de la querelle au sujet de *Bélisaire*,
et ils expliquent à leur manière comment le
professeur Cogé, quelques années plus tard,
profita de son passage au rectorat pour se venger des philosophes, et ne trouva rien de mieux
que de proposer la question *Non magis*, etc.
« Il voulait dire, ajoutent ces messieurs, que la
philosophie n'est pas *moins* ennemie des rois
que de Dieu; et il disait, au contraire, qu'elle
n'est pas plus l'ennemie de Dieu que des rois.
C'était précisément la même aventure que celle
qui arriva jadis au prophète Balaam, lorsqu'il
dit la vérité malgré lui. »

Les éditeurs de Kehl prétendent qu'on rit

beaucoup, même dans l'Université, du programme de Cogé. Ils disent vrai certainement quand ils affirment que, de tous les discours composés alors, celui de M⁰ Belleguier est le seul dont on ait jamais parlé, quoiqu'il fût écrit en français, et que l'auteur eût étudié chez les Jésuites. Ce qui ne prouve nullement que les rieurs eussent raison, ni surtout que le *Discours de M⁰ Belleguier* soit autre chose qu'une ennuyeuse et illisible rapsodie. L'Avertissement de Kehl se termine par une plaisanterie qui n'est peut-être pas aussi bonne que se l'imaginaient MM. les éditeurs : « L'archevêque de Paris, Beaumont, s'étant fait expliquer le latin de Cogé par son secrétaire, qui ne manqua pas de traduire *magis* par *moins*, promit au savant recteur la place de grand-inquisiteur pour la foi, qu'il avait résolu de faire créer aussitôt que les prophéties qui annonçaient le rétablissement des Jésuites seraient accomplies. »

Voltaire, après la nuit blanche du 1ᵉʳ janvier 1773, et surtout après le succès du *Discours*, demeura longtemps dans l'enchantement de son œuvre. Au mois d'avril, il l'envoyait à M. de Bordes : « Je crois, lui écrit-il, que les notes à

la suite des *Lois de Minos* ne vous auront pas
déplu, et que vous serez content du discours de
l'avocat Belleguier, pour les prix de l'Université.
Que dites-vous du recteur, qui ne sait pas le
latin, et qui a pris *magis* pour *minus* (1)? »
Quant à Cogé et à son programme, ils n'en
furent même pas quittes pour l'éloquence de
M⁰ Belleguier. On connaît le conte ingénieux où
Voltaire a peint les Muses se vengeant des par-
tisans des idées innées, qui avaient blasphémé
contre la mémoire. On sait comment la Non-
sobre, les Liolisteois, les Séjanistes et les Dicas-
tériques, c'est-à-dire la Sorbonne, les Jésuites, les
Jansénistes et messieurs du Parlement, se trouvèrent un jour fort empêchés, la mémoire leur
faisant défaut, jusqu'à ce que Mnémosyne eût
bien voulu prendre pitié de leur misère. L'épilogue de l'*Aventure de la Mémoire* est à l'adresse
de Cogé : « Maître Cogé, tout ébahi de l'aventure, et n'y entendant rien, dit à ses écoliers de
cinquième ce bel axiome : *Non magis Musis
quam hominibus infensa est, ista quæ vocatur
memoria.* »

(1) *Correspondance générale,* 10 avril 1773.

15

« La prétendue philosophie de nos jours n'est pas moins ennemie du trône que de l'autel. » Nous pourrions nous dispenser d'examiner si l'Université était en droit de poser une pareille question. Mais c'est pour nous un devoir de cœur de venger l'honneur de nos pères. D'ailleurs la digression ne sera pas longue. Nous sommes en 1773. Il y a tantôt quarante ans que Locke est devenu le dieu des philosophes français, et que Voltaire rabâche sur tous les tons, d'après son maître, que la faculté de penser ne suppose pas nécessairement une substance distincte de la matière. Il y a tantôt vingt-cinq ans que Diderot a écrit la *Lettre sur les Aveugles.* Il y a dix-neuf ans que Condillac a publié le *Traité des Sensations.* Il y a quinze ans qu'Helvétius a publié le livre *de l'Esprit.* Il y a trois ans que le baron d'Holbach a donné, dans le *Système de la Nature,* le code de l'athéisme et du matérialisme. Le dernier volume de l'*Encyclopédie* va paraître. Ce qu'on appelait philosophie, en 1773, c'était la négation de Dieu et de l'âme, la déification de la matière, le fatalisme, le nihilisme, les plus monstrueuses chimères que les hommes aient jamais rêvées. Les inconséquences honorables de la plupart des philosophes dans l'application des principes, ne transformaient pas les doctrines, et n'en détruisaient pas les conséquences. Demander si l'Université était en droit de protester contre une pareille philosophie, c'est demander si une mère est en droit de signaler à ses enfants une source empoisonnée, et de leur dire de n'y point boire. Jean-Jacques Rousseau eût signé des deux mains le programme du recteur Cogé, à supposer que Jean-Jacques Rousseau eût pu un instant se résoudre à paraître d'accord avec des hommes de collége.

Je ne dis pas que Rousseau eût signé la rédaction latine. Il aurait eu probablement des scrupules sur *non magis*. Il aurait accusé Cogé de s'être trompé, et d'avoir mis *non magis* pour *non minus*. Il est vraisemblable pourtant qu'on eût pu le convaincre qu'il n'y avait aucun contresens dans le latin du programme. Jean-Jacques Rousseau savait très-peu de latin ; mais il n'avait pas, comme Voltaire et d'Alembert, la manie de passer pour un grand latiniste, et de redresser, sur le latin, les gens qui en savaient plus que lui. Quelques exemples bien choisis, quelques raisons bien claires, et il eût fini par convenir

que l'Université n'était pas si bête que le criaient
les amis de Me Belleguier, et que *non magis*, etc.,
signifie réellement ce que Cogé avait écrit en
français au-dessous de la phrase latine.

Je lis, dans une lettre de Cicéron à sa femme
et à ses deux enfants : *Conficior enim mœrore,
mea Terentia, nec me meœ miseriœ magis
excruciant quam tuœ vestrœque.* Je croirais faire
injure au lecteur si je démontrais que le noble
exilé n'a point écrit : « Je ne suis pas plus ému
de mes maux que des vôtres. » Dira-t-on que
Cicéron était homme à prendre *magis* pour
minus ? Il n'est donc pas vrai que *non magis* ait
nécessairement le sens négatif, et que *pas plus*
en soit toujours l'équivalent. *Non magis* équivaut ici à *autant, tout autant*, et a manifestement
une valeur affirmative. Il en est de même dans
cette autre phrase, que me fournit le discours
*sur les Statues : Domus erat non domino magis
ornamento quam civitati.* Il s'agit de la maison
d'Héius le Mamertin. Cette maison, avant les
déprédations de Verrès, était pleine d'objets
d'art admirables, et les étrangers qui venaient à
Messine ne manquaient point de la visiter. Messine était fière de la maison d'Héius, *tout autant*

qu'Héius lui-même. Est-il besoin de prouver que Cicéron n'a pas dit le contraire?

Mais Cicéron n'est pas le seul Romain que Mᵉ Belleguier eût dû accuser de ne pas savoir le latin, et de prendre *magis* pour *minus*. Voici ce que Plancus, dans une de ses lettres, écrit à Cicéron : *Omnia tua consilia mihi non magis prudentiæ plena... videntur, quam fidelitatis.* Faites traduire par Mᵉ Belleguier, et ce sera le plus aimable compliment que jamais ami ait reçu d'un ami. Tite-Live, sans s'en douter, a changé du blanc au noir les faits les plus mémorables de l'histoire romaine. Ainsi cet illustre P. Sempronius, qui passa avec six cents hommes à travers l'armée d'Annibal, après le désastre de Cannes, n'était qu'un misérable, qui avait montré à ses compagnons une route qui ne les menait *pas plus* à la gloire qu'au salut de leur vie ; et c'était bien à tort que Manlius Torquatus célébrait son dévouement. *Viam*, dit Torquatus lui-même, *non ad gloriam magis, quam ad salutem, ferentem demonstrat.* C'est en leur faisant faire une lâcheté qu'il les rendit à leur patrie et à leur famille : *reduces in patriam, ad parentes, ad conjuges ac liberos facit ;* à moins pourtant que ce ne soit à force d'héroïsme, et par une voie aussi sûre que glorieuse, ou, si l'on veut, *non moins* sûre que glorieuse. Il y a mieux encore. Annibal n'a point été vaincu par Scipion ; et Scipion, avant de vaincre à Zama, n'avait pas eu besoin de vaincre, dans Rome, l'opposition du vieux Fabius. C'est M⁰ Belleguier qui lit ainsi dans la pensée de Scipion même, telle qu'a essayé de la rendre Tite-Live : *non magis Hannibale victo a se quam Q. Fabio.*

Cela vous suffit peut-être. Permettez-moi pourtant de m'étonner que le poëte qui venait d'adresser naguère une épître à son cher Horace, ne se soit pas seulement souvenu des vers qu'Horace adresse à Auguste, pour le féliciter d'avoir, parmi ses panégyristes, un Virgile et un Varius :

> Nec magis expressi vultus per ahenea signa,
> Quam per vatis opus mores animique virorum
> Clarorum apparent.

L'affirmation par *non magis* n'a rien d'extraordinaire, puisque *non magis* marque simplement une équation. C'est le sens général du contexte qui détermine si l'égalité est en haut ou en bas, et si l'on a voulu dire *tout autant* ou *aussi peu.* οὐ μᾶλλον, en grec, est souvent synonyme de τοσοῦτον, et τοσοῦτον, à son tour, signifie souvent *aussi peu, ni plus ni moins, pas plus.* Que dis-je? *tantum* lui-même est pris quelquefois négativement. *Tantum effatus,* dans Virgile, signifie qu'Aristée n'a pas fait un long discours au vieux Protée. Ces choses font si peu difficulté, en grec comme en latin, que les commentateurs ne les remarquent même pas. Quelques lexicographes les ont notées en passant; d'autres les ont oubliées. J'aimerais mieux qu'Henri Estienne et ses modernes éditeurs n'eussent pas omis οὐ μᾶλλον et son double emploi; mais ils ont jugé sans doute qu'on ne serait jamais embarrassé pour déterminer le sens exact des phrases, et qu'on ne prendrait jamais *pas plus* pour *tout autant,* ni *tout autant* pour *pas plus.*

Je finirai en citant deux phrases latines où l'on va voir la négation non plus avec *magis,* mais avec le comparatif même, et où la traduction *pas plus* serait encore plus absurde, s'il est possible, que dans celles où *non magis* a la signification affirmative.

La première est de Quintilien, dans un passage fameux. L'illustre professeur parle des amitiés d'enfance, qui durent sans se rompre jusqu'à la vieillesse, et qui sont un des plus heureux bienfaits de la réunion des jeunes gens dans les écoles publiques. Puis il ajoute : *Neque enim est sanctius, sacris iisdem, quam studiis initiari;* c'est-à-dire, en bon français, que ce n'est pas chose *moins* sainte d'être initié aux mêmes études que d'être initié aux mêmes mystères. La seconde phrase est de Tacite; et il est un peu étrange que d'Alembert, avant de tomber si rudement sur Cogé, ne se soit pas aperçu qu'il allait fustiger son propre maître. *Nec major apud Chattos peditum laus quam Tencteris equitum.* Il est vrai que d'Alembert n'a point traduit le passage. Quant au sens, il n'est nullement douteux. C'est un éloge et de l'infanterie des Cattes et de la cavalerie des Tenctères. Tacite n'a même écrit la phrase qu'après avoir proclamé la supériorité des Tenctères dans l'art de combattre à cheval : *Tencteri, super solitum bellorum decus, equestris disciplinæ arte præcelhunt;* et tout l'alinéa qui précède est consacré à célébrer les Cattes comme les premiers soldats de la Germanie. Tirez les conséquences.

Voltaire est mort parfaitement convaincu que l'abbé Cogé ne savait pas le latin. L'abbé Cogé ne contestait probablement pas que Voltaire fût un grand prosateur et un grand poëte ; mais c'est à d'autres sans doute qu'il réservait le nom de grands latinistes. Que si l'on me demande pourquoi j'ai si longuement insisté sur leur querelle, l'Avertissement des éditeurs de Kehl sur le *Discours de Me Belleguier* répond assez à ma place. Il est trop évident que Voltaire a eu gain de cause contre l'Université. Les éditeurs de Kehl ne sont pas les seuls Français qui aient répété l'inepte reproche sur *magis* et *minus*. On le répète encore chaque jour. Je l'ai lu, il y a quelques années, dans un livre très-sérieux, qui n'est pourtant pas un panégyrique de Voltaire. Je l'ai lu hier même dans un journal voué à la défense de l'Université, et qui n'a presque jamais failli à sa tâche. Je le lirai, hélas! plus d'une fois encore, si Dieu me prête vie. J'ai protesté du moins contre une iniquité quasi séculaire. Cela suffit à ma conscience. *Eppur, si muove!*

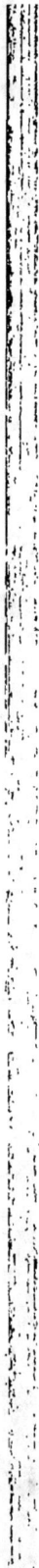

CHAPITRE XIII

LES CITATIONS DE VOLTAIRE

Citations à négliger. — Lucrèce estropié. — Horace de
même. — Virgile de même. — Théorie de l'hiatus. —
Trait d'esprit sur Homère. — Mort de la belle Émilie. —
Sommation à l'abbé d'Olivet. — *Ignorantias*. — Péchés
de jeunesse. — Salluste et Quicherat. — Souvenir de
Marcellus. — Parodies. — Imitations poétiques. — *Naturam expellas* et le vers de Destouches. — *Ut pictura
poesis*.

Voltaire aimait à citer du latin. Les citations
latines, dans ses œuvres, sont innombrables.
Celles qui ne sont que des citations ne nous inté-
ressent pas ; je veux dire celles où son esprit
n'a rien ajouté du sien. Nous n'avons nul besoin
d'en parler. Nous passerons également sous
silence certaines choses latines que quelques-uns
pourraient prendre pour des citations, et qui sont
ou des plaisanteries sans conséquence ou des
fantaisies d'un esprit capricieux. « Zoïle genuit

Mevium, Mevius genuit Guyot Desfontaines,
Guyot autem genuit Freron, Freron autem genuit
Clement (1). » Peu importe qu'on écrive, dans
une pareille généalogie, le nom de Zoïle en
français et celui de Mévius sans l'*œ* qu'il doit
avoir en latin. « Die Jovis, quem barbari Galli
nuncupant *jeudi* (2); » cela veut dire : « Mon
cher Thiriot, je n'ai pas encore oublié mon
latin. » Que si Voltaire parle en latin à Colini
dans la cour de Schmitt, à Francfort, c'est prudence, et non point prétention : *fingo, fingo*,
rassure le secrétaire alarmé, qui croyait son
patron malade, sans compromettre Voltaire
auprès des espions qui l'entourent. Ce sont là
des curiosités biographiques, ce ne sont pas des
données sur le savoir de Voltaire.

Mais que signifie ceci : *Dulce, mari magno
turbantibus* (3)?... *Dulce mari magno*, etc. (4)?
Cela signifie, à ce qu'il me semble : « Monsieur
le marquis d'Argenson, mon cher d'Alembert,
quand je lis du latin, même des vers latins admi-

---

(1) *Commentaire historique.*
(2) *Correspondance générale*, 7 avril 1729.
(3) *Correspondance générale*, 18 juin 1740.
(4) *Correspondance avec d'Alembert*, 15 octobre 1759.

rables, je ne lis pas toujours avec une attention très-soutenue. Vous le voyez bien, puisque je cite mal le plus fameux des vers de Lucrèce. » Il est vrai que Voltaire a écrit : *Suave mari magno* (1), et non plus *dulce*, à propos des délices qu'ils avaient goûtées, au sortir d'une bagarre de nuit, en soupant tête-à-tête, lui et madame la marquise du Châtelet, dans l'hôtel du président Hénault. D'ailleurs Lucrèce n'est pas Virgile ; et citer à faux Lucrèce, ce n'est peut-être qu'un péché véniel. Ce qui est un péché beaucoup moins pardonnable, c'est de citer Lucrèce en lui prêtant des vers qui ne sont pas des vers :

> Sed nil dulcius est bene quam munita tenere
> Edita doctrina sapientum templa serena,
> Unde queas alios passim videre palantes (2).

Lucrèce n'a jamais écrit ni pu écrire : *Unde queas alios passim videre palantes.* La première syllabe de *videre* est brève, et la première syllabe de *palantes* est longue. Deux fautes de

---

(1) *Correspondance générale*, 14 septembre 1744.
(2) *Correspondance générale*, 15 décembre 1759.

quantité dans un seul vers! Il est vrai que tous
les mots du prétendu vers sont des mots de
Lucrèce. On conviendra seulement que Voltaire
les a disposés d'une façon un peu étrange.
Lucrèce a dit en effet :

> Despicere unde queas alios, passim que videre
> Errare, atque viam palantes quærere vitæ.

Il n'est guère permis non plus de pardonner
une phrase comme celle-ci à un lecteur assidu
d'Horace : « Quel morceau de Pétrarque peut
être comparé à l'ode de Sapho sur l'amour, si
bien traduite par Horace, par Boileau et par
Addisson (1)?» Ce n'est pas Horace, c'est Catulle,
qui a traduit ou plutôt très-librement imité la
fameuse ode de Sappho.

Voici un vers d'Horace qui n'est pas un vers
d'Horace, et qui n'est non plus un vers que la
ligne de tout à l'heure n'était un vers de Lucrèce :
« Je sais bien, écrit Voltaire à son ami Thiriot,
que, malgré la foule des démonstrations que j'ai
rassemblées contre les chimères des tourbillons,

---

(1) *Mélanges littéraires*; aux auteurs de la *Gazette littéraire*, 1764.

ce roman philosophique subsistera encore quelque temps dans les vieilles têtes :

Quæ juvenes didicere nolunt perdenda fateri (1). »

Mais, dira-t-on, pourquoi prétendez-vous que
Voltaire a voulu citer Horace? Alors il a voulu
faire un vers avec ses souvenirs : eh bien! soit;
scandez ce vers. *Nolunt* a sa première syllabe
longue. Il n'y a pas de citation fausse; mais il y
a toujours à mettre au compte de Voltaire un
hexamètre qui n'a pas la quantité. Et je gagerais
encore que Voltaire s'est imaginé qu'il citait un
de ces deux vers :

Vel quia turpe putant parere minoribus, et, quæ
Imberbes didicere, senes perdenda fateri.

Mais je n'insiste pas. Admettons la parodie.
Aussi bien Voltaire ne détestait pas ces jeux
d'esprit. Il lui arrivait même quelquefois d'en
faire dans le genre de celle que je viens de
contester. Il dit quelque part à d'Argental, à

---

(1) *Correspondance générale*, 23 juin 1738.

propos de sa ville de Ferney, en parodiant
Didon :

Exiguam urbem statui, mea mœnia vidi,
Et nunc parva mei sub terras ibit imago (1).

Exiguam urbem n'est pas un commencement
de vers : *am* s'élide devant *urbem*, et il manque
par conséquent une syllabe pour que l'exhamètre
soit complet.

Libertas quæ sera tamen respexit inertem

a été parodié aussi par Voltaire : *Libertas quæ
sera tamen respexit, sed non inermem* (2). Ici,
il ne s'agit plus de vers faux, ni même de vers;
mais c'est bel et bien une citation fausse. En
voici une autre, et de Virgile encore, et sans
ombre de parodie pour la couvrir :

Œbaliæ sub montibus altis (3).

Virgile n'a pas vu son vieillard corycien au pied
de montagnes élevées qui n'existaient même pas,

---

(1) *Correspondance générale*, 25 juillet 1772.
(2) *Correspondance générale*, décembre 1759.
(3) *Correspondance générale*, 9 février 1767.

mais au pied des hautes tours de la ville d'OEba-
lus, c'est-à-dire de Tarente :

Œbaliæ sub turribus altis.

En voici encore une autre, et triplement
fausse :

Tænarias etiam fauces, *dira* ostia Ditis,
Et caligan*tes* nigra formidine *lucos* (1) !

Virgile a écrit. *alta ostia, caligantem* et *lu-
cum.*

En voici encore une autre, et bien autrement
grave, puisque Voltaire se l'est permise non
point dans une lettre familière, mais dans une
dissertation *ex professo* sur la lettre *a* et sur
l'harmonie poétique : « Vous voyez très-rarement, dans Virgile, une voyelle suivie d'un mot
commençant par une voyelle; ce n'est que dans
un petit nombre d'occasions où il faut exprimer
quelque désordre de l'esprit,

Arma amens capio,

---

(1) *Correspondance générale*, 16 auguste 1774.

ou lorsque deux spondées peignent un lieu vaste
et désert,

In Neptuno Ægeo (1). »

Voltaire affirme donc que Virgile a peint
quelque part un lieu vaste et désert, la mer
Égée évidemment, par les mots *in Neptuno
Ægeo*. Mais Virgile n'a jamais écrit *in Neptuno
Ægeo*, et n'a même jamais essayé de peindre,
ni de cette façon ni d'aucune autre, l'étendue de
la mer Égée. Il a peint plus d'une fois, et sans
avoir besoin d'hiatus, l'immensité de la mer.
Quant à la mer Égée, il ne la nomme même pas.
Il parle, dans l'*Énéide*, de Neptune Égéen ; mais
ce Neptune n'est pas Neptune au figuré ; c'est
Neptune en personne, et non point la mer Égée :

Sacra mari colitur medio gratissima tellus
Nereidum matri et Neptuno Ægeo.

Il s'agit de l'île de Délos. Enée l'appelle une
terre sacrée, chère à la mère des Néréides,
c'est-à-dire à Doris, femme de Nérée, et à Neptune Égéen, c'est-à-dire au dieu qu'on adorait

(1) *Dictionnaire philosophique*, article *A*.

particulièrement comme maître de la mer Égée.
Ainsi la théorie sur la peinture des lieux vastes
et déserts n'a pour fondement qu'une erreur ridicule, sans compter qu'il est absurde de citer au
moins trois spondées pour dire que deux spondées peignent un lieu vaste et désert.

Que dis-je? il est absolument faux d'avancer,
comme le fait Voltaire, qu'on voit très-rarement,
dans Virgile, une voyelle suivie d'un mot commençant par une voyelle. Rien n'est plus commun,
au contraire; et ceux qui ont lu Virgile avec
quelque attention savent que Virgile est, de tous
les poëtes latins, celui qui redoutait le moins ce
concours de voyelles pour lequel Voltaire lui
prête tant de crainte. Ovide, Lucain, Stace surtout, surtout Claudien, sont, sous ce rapport,
infiniment plus timorés. Claudien a dix fois
moins d'élisions que Virgile. Non-seulement
Virgile a d'innombrables élisions, mais il a des
hiatus, de véritables hiatus; et il est presque le
seul poëte latin, après le temps de Lucrèce et de
Catulle, qui se soit permis, et quelquefois sans
motif apparent, de heurter voyelle contre voyelle.
Il y a deux hiatus dans *Nereidum matri et Neptuno Ægeo*, puisque la dernière syllabe de *matri*

et la dernière syllabe de *Neptuno* ne s'élident point. Je ne parle pas de la forme du vers, qui est cinq fois spondaïque. L'hiatus s'explique dans un vers comme

Ter sunt conati imponere Pelio Ossam;

il est parfaitement inexplicable dans *Nereidum matri et Neptuno Ægeo;* il l'est encore moins dans *Credimus! an qui amant,* dans *aut Atho aut Rodopen,* dans *flerunt Rodopeiæ arces,* dans *Atque Getæ, atque Hebrus,* dans *Glauco et Panopeæ et Inoo Melicertæ,* dans maint autre passage. Je me trompe : rien ne s'explique mieux, quand on a lu Homère. Ces irrégularités ne sont autre chose qu'un reste de conformité entre la prosodie latine et la prosodie grecque. Le dernier et double exemple que j'ai cité est un vers grec tout autant qu'un vers latin. Virgile fait de temps en temps ce qu'Homère et les poëtes grecs font presque à chaque vers. Aussi n'est-ce pas Virgile qui eût inventé la théorie de Voltaire, ni surtout qui eût écrit ceci : « Homère, il est vrai, ne s'assujettit pas à cette règle de l'harmonie qui rejette le concours des voyelles, et surtout des *a ;* les finesses de l'art n'étaient pas encore connues de son temps, et Homère était au-dessus de ces finesses. » C'est là pourtant ce qu'on lit après *in Neptuno Ægeo.* Le dernier trait est peut-être fort spirituel ; mais la phrase, d'un bout à l'autre, n'a pas le sens commun.

Ceux qui ont lu l'*Éloge historique* composé en l'honneur de madame du Châtelet par Voltaire, savent que cette dame, selon Voltaire, est morte martyre de la science. « Il eût été heureux pour ses amis, dit le panégyriste, qu'elle n'eût pas entrepris cet ouvrage dont les savants vont jouir : on peut dire d'elle, en déplorant sa destinée, *periit arte sua.* » Nous n'avons pas à discuter sur la véracité d'un témoignage que personne n'a jamais pris au sérieux. Peu nous importe que l'amie de Voltaire soit morte de Newton ou d'autre chose. Il ne s'agit que de *periit arte sua.* Il est évident pour moi que Voltaire s'est imaginé citer le commencement d'un vers hexamètre. Mais il n'y a pas d'hexamètre latin, ni ancien ni moderne, il n'y a pas même de vers latin, de quelque espèce que ce soit, qui commence ou qui puisse commencer par un tribraque ; et *periit,* ici, a trois brèves.

Voltaire fait quelque part une critique fort vive d'un vers du fameux sonnet attribué à Des Barreaux; puis il ajoute : « Peut-être l'aversion vigoureuse que j'ai pour ce misérable sonnet de ce faquin d'abbé de Lavaux me rend un peu trop difficile.

> Et dessus quel endroit tombera ma censure,
> Qui ne soit ridicule et tout pétri d'ennui?

Tartara non metuens, non affectatus Olympum est un vers admirable; je le prends pour ma devise (1). »

Où Voltaire a-t-il pris ce vers, qu'il qualifie d'admirable? Je l'ignore; et, à vrai dire, je m'inquiète médiocrement de le savoir. Ce que je sais, c'est qu'il n'y a pas un poëte latin, depuis Emius jusqu'à Claudien, qui ait pu écrire un tel vers. *Affectatus* n'est pas latin, dans le sens que suppose un complément direct comme *Olympum*. Le déponent *affector* n'existe que dans les notes du grammairien Diomède, et dans l'usage des écrivains barbares. *Affectatus* est un participe passé passif, et rien autre chose.

---

(1) *Correspondance générale,* 29 janvier 1768.

Voilà ce que Voltaire aurait dû savoir, et à quoi il lui eût été bon de réfléchir, avant de solliciter l'admiration de l'abbé d'Olivet pour un vers qu'un Romain n'eût pas même compris.

Il y a bien des erreurs en tout genre, dans le *Siècle de Louis XIV;* mais il y en avait bien davantage encore, quand l'ouvrage parut pour la première fois. La Condamine en signala quelques-unes à l'auteur; et Voltaire fit son *mea culpâ,* mais non point sans frapper sur la poitrine du conseiller aulique Francheville, son prétendu éditeur : « Puisque vous avez commencé, mon cher La Condamine, à me faire des observations, vous voilà engagé d'honneur à continuer. Avertissez-moi de tout, je vous en supplie; je sais fort bien qu'il n'y a point d'esclaves à la place Vendôme, et je ne sais comment on y en trouve dans l'édition de mon conseiller aulique. Il y a plus d'une bévue pareille. Je vous dirai, *et ignorantias meas ne memineris* (1). » Ceci est-il une citation plus ou moins exacte? Est-ce une phrase de la fabrique de Voltaire? Peu nous importe. Dans un cas comme dans

_____

(1) *Lettres en vers et en prose,* 29 avril 1752.

l'autre, Voltaire allègue à La Condamine du latin qui n'est pas du latin. *Ignorantia* n'a point de pluriel. C'est le fait d'ignorer. On ignore plus ou moins; l'ignorance est plus ou moins profonde; mais on ne peut pas être dans des ignorances, ni surtout avoir des ignorances. Je parle pour le latin. Nous n'avons aucun droit d'infliger aux Romains le pluriel *ignorantiæ*, parce qu'il nous a plu de donner, en français, un pluriel au mot *ignorance*. Je remarque en passant que le mot *scientia*, corrélatif d'*ignorantia*, et marquant comme lui un fait qui n'admet que le plus ou le moins, est également sans pluriel, au moins chez les classiques, et n'en pouvait pas avoir. Ce que nous nommons *les sciences*, on l'appelait à Rome *doctrinæ, disciplinæ, artes*, jamais *scientiæ;* et c'est bien à tort que tant de latinistes modernes ont employé et emploient encore chaque jour ce pluriel impossible. *De Augmentis Scientiarum :* nous comprenons cela parce que nous sommes Français, Anglais, Allemands, parce que nous sommes des modernes, et non point parce que nous avons appris la langue de Cicéron; ce n'est pas du latin; et Cicéron reviendrait, qu'il ne devinerait même pas ce que Bacon a voulu dire.

Delicta juventutis meæ ne memineris, Domine. C'est ainsi que Voltaire répondit à un de ses amis qui lui demandait s'il avait dit réellement, à propos des vers du prince de Conti en l'honneur d'*OEdipe :* « Sommes-nous tous princes ou tous poëtes (1) ? » *Delicta juventutis meæ,* ce sont aussi les termes dont il se sert dans une lettre à son ami Cideville, pour caractériser ses poésies légères : « Vous aurez ensuite les pièces fugitives, *delicta juventutis meæ,* que vous avez demandées; mais il faudra auparavant les retoucher un peu, *quæ multa litura coercuit;* car, lorsque c'est pour vous qu'on travaille, il faut de bonne besogne (2). » Voltaire était donc convaincu que *juventus* signifie le temps de la jeunesse. Mais *juventus* n'est pas *juventa,* et signifie les jeunes gens, ou la jeunesse dans le sens de jeunes gens. Il n'y a qu'un seul exemple, chez les auteurs classiques, de *juventus* pour *juventa ;* et c'est une erreur des premiers éditeurs de Salluste. M. L. Quicherat a prouvé, clair comme

---

(1) *Correspondance générale,* 1ᵉʳ juillet 1733.
(2) *Commentaire historique,* vers le commencement.

le jour, que Salluste avait écrit *juventam suam*,
et non *juventutem suam*, en parlant des œuvres
abominables où Catilina avait exercé sa jeunesse. C'est assurément un péché véniel d'avoir
fait une confusion que tant d'autres font et feront encore : ce n'est pourtant pas un péché de
jeunesse, puisque l'auteur de la lettre à Cideville
était quasi quadragénaire, et l'auteur du *Commentaire historique* plus qu'octogénaire.

L'année même du *Commentaire historique*,
tous les gens de bien eurent à déplorer la retraite de Turgot et du comte de Saint-Germain,
chassés du ministère par une intrigue de cour.
L'octogénaire exprima éloquemment sa douleur.
Il ne crut même pas trop faire, en empruntant à
Virgile les pathétiques accents qui troublèrent
et consolèrent jadis la mère du jeune Marcellus :

...... Nimium vobis, o, Galla propago
Visa potens, superi, propria hæc si dona fuissent (1)!

Le sentiment est vrai; et M. de Pomaret put
être touché en lisant ces vers dans une lettre à
son adresse. Mais l'exclamation *o* est bien loin

_____

(1) *Correspondance générale*, 4 juillet 1776.

de *superi*, et, ce qui est plus grave, le féminin *Galla* n'existe pas. On dit *Gallus*, on ne dit pas *Gallus*, *Galla*, *Gallum* : c'est *Gallicus*, et non *Gallus*, qui a les trois genres. Voltaire n'échouait pourtant pas toujours dans ses tentatives pour s'approprier Virgile; et une des plus heureuses parodies qu'on ait jamais faites, c'est assurément le trait qui termine l'épilogue de la *Guerre de Genève*. « Nous sommes justes, dit-il à ses ennemis; nous n'avons acception de personne :

Bos asinus fuat, nullo discrimine habemus. »

Quand Voltaire met en français quelque passage de poëte latin, il le donne ordinairement en vers français, c'est-à-dire qu'il en fait une imitation et non pas une traduction. Il y aurait donc souveraine injustice à lui demander compte des inexactitudes de sens qu'on peut relever en confrontant ses copies avec leurs originaux. La traduction des vers latins en vers français est absolument impossible. Il suffit, pour s'en convaincre, de comparer les *Géorgiques* de Delille avec les *Géorgiques* de Virgile. On ne dira pas que je choisis mal mon exemple. Le travail de De-

lille est le plus beau qu'on ait fait en ce genre.
Eh bien ! je cherche encore le vers de Virgile
dont Delille ait donné l'équivalent exact et
complet ; et je doute que personne le trouve
plus que moi. Voici pourtant un vers français, et
un vers français excellent, et un vers qui n'est
pas de Voltaire, que nous sommes forcés d'imputer à Voltaire comme un contre-sens. On lit
quelque part, dans le *Dictionnaire philosophique* :

Naturam expellas furca, tamen usque recurret.
Chassez le naturel, il revient au galop (1).

Et ce n'est pas là le seul passage où Voltaire ait
interprété de cette façon le vers d'Horace. Parlant quelque part de la tragédie : « Il est vrai,
dit-il, que, puisque ce spectacle est représenté
et vu par des hommes et par des femmes, il
faut absolument de l'amour. On peut s'en sau-
ver tristement une ou deux fois, mais *naturam
expellas furca, tamen ipsa redibit* (2). » Il est
évident que Voltaire sous-entend ici le vers de

(1) *Dictionnaire philosophique*, article *Caractère*.
(2) *Correspondance générale,* 4 juin 1739.

Destouches, ou quelque chose d'équivalent. Que si on le nie, ceci nous appartient du moins à titre de citation fausse. Le vers d'Horace finit par *usque recurret*, et non par *ipsa redibit*. Quant au vers de Destouches, il exprime une pensée différente de celle qu'a exprimée Horace. Horace ne parle point du naturel, du caractère propre qu'a mis en nous la nature; il parle de la nature elle-même, de cette puissance qui ne perd jamais ses droits, et qui triomphe de nous quand nous croyons avoir triomphé d'elle. Horace vient de dire à son ami Fuscus Aristius que c'est à la campagne qu'il faut vivre, pour vivre conformément à la nature; et il a expliqué pourquoi. Puis il a montré les plus riches citadins confessant, bon gré, mal gré, la vérité de son principe :

> Nempe inter varias nutritur silva columnas,
> Laudaturque domus longos quæ prospicit agros.

Ils cherchent la campagne à la ville; il obéissent donc à un instinct irrésistible, et la nature a raison d'eux et de leur sens dépravé :

> Naturam expellas furca, tamen usque recurret,
> Et mala perrumpet furtim fastidia victrix.

16.

Il est très-possible que Destouches ait cru traduire le vers d'Horace. Il s'est trompé, comme on voit ; ce qui ne l'empêche pas d'avoir fait un des meilleurs vers de notre langue, et un vers aussi vrai pour le moins que celui d'Horace. Mais Voltaire aurait dû savoir que Destouches s'était trompé, et ne point prendre cette heureuse erreur pour une interprétation légitime de la pensée du poëte romain. Ceci soit dit à l'adresse de ceux qui citent le vers d'Horace sans se souvenir et des deux vers qui le précèdent et du vers qui le suit.

On cite souvent *naturam expellas ;* on cite plus souvent encore *ut pictura poesis*, et aussi presque toujours à faux, et aussi parce qu'on ne se souvient pas de ce qui explique la comparaison d'Horace. Voltaire s'y est mépris comme tant d'autres. Il écrit à M. Berger, au sujet de M. Sinetti, dont il avait lu les vers : « Je savais bien qu'il était tout aimable ; mais je ne savais pas qu'il fût poëte. Il y a, en vérité, de très-belles choses dans ce petit poëme. J'y ai trouvé ce que j'aime, beaucoup d'images : *ut pictura poesis*. Il né m'appartient pas de donner des coups de pin-

ceau à son tableau (1). » Ainsi Voltaire suppose, dans Horace, une comparaison en règle
entre la poésie et la peinture. Horace n'a
pourtant fait autre chose que de comparer des
impressions, l'effet produit sur nous par la poésie avec ce que nous éprouvons en présence de
tel ou tel tableau, selon le jour et le point de
vue. :

Ut pictura poesis : erit quæ, si propius stes,
Te capiet magis, et quædam, si longius abstes.

(1) *Correspondance générale*, 4 auguste 1735.

CHAPITRE XIV

PHILOLOGIE DE VOLTAIRE

Gaietés étymologiques. — *Dub* et *filles d'affaire*. — Étymologies fausses. — *Vilain*. — *Tête*. — *Pointe*. — *Sabre*. — *Parler*. — *Écouter*. — *Coutume*. — *Ensemble*. — Le marquis de Luchet. — Mots soi-disant *celtiques*. — *Acheter*. — *Chat*. — *Clou*. — *Échalas*. — *Hors*. — *Laquais*. — *Lors* et *Lorsque*. — *Ruer*. — *Salaire*. — *Troupe*. — Horace et *adflent*. — Pétrone et *perire*.

Il y a des étymologies fausses qui ne tirent point à conséquence, et qui peuvent même être considérées comme d'agréables traits d'esprit. Je ne crois pas qu'on doive reprocher à Voltaire d'avoir écrit, dans une lettre à Cideville, à propos d'un certain marquis bas-normand, mauvais débiteur : « Le petit bonhomme de marquis veut donc me donner une assignation sur son Trésor royal, et, de quatre années, m'en payer une, à cause des dépenses qu'il fait à la guerre ! Je ferai signifier à Monseigneur que je ne l'en-

tends point ainsi, et que, lui ayant joué le tour
de vivre jusqu'a la fin de cette présente année,
je veux être payé de mon *dû* ou *deu*. On écrivait
autrefois *deu* ou *dub*, parce que dû est toujours
dubium ; mais *dû*, ou *deu*, ou *dub*, il faut qu'il
paye, et, point d'argent, point de Suisse (1). »

Il est parfaitement certain que le mot *dû* vient
de *debitum*, et non point de *dubium ;* et pourtant la plaisanterie ne laisse pas d'être charmante. Il en est de même des plaisanteries sur
le mot *opéra* et sur la *fille d'affaire*, dans *la Princesse de Babylone*. C'est de la gaieté, ce n'est
pas de la science. Cela ne me choque pas plus
qu'un nom hybride comme Cosi-Sancta tiré de
la *Cité de Dieu* de saint Augustin, ou qu'une
héroïne de conte antique, née de parents jansénistes, et fiancée à un conseiller du Présidial
d'Hippone : ces anachronismes sont un ragoût
piquant dans la narration, et n'ont rien à démêler
avec l'histoire.

Voici de la science et non plus de la gaieté :
« *Vilain* vient de ville, parce qu'autrefois il n'y
avait de nobles que les possesseurs des châ-

----

(1) *Correspondance générale*, 25 novembre 1758.

teaux (1). » J'aimerais mieux que Voltaire l'eût
dit en plaisantant. Le mot *vilain*, qui s'écrivait
autrefois *villain*, vient du bas latin *villanus*, et
villanus vient de *villa*, et *villa* signifie maison de
campagne, maison des champs, ferme, métairie.
Les éditeurs de Kehl remarquent que *vilain* est
peut-être synonyme de *villageois*. Ils auraient
dû dire non pas *peut-être*, mais *assurément*.
Les habitants des villes n'ont jamais été appelés
des vilains; et le mot *vilain* est antérieur de
plusieurs siècles au mot *ville*, du moins dans le
sens que le mot *ville* a conservé en français. Les
vilains étaient les *villani*, les habitants des cam-
pagnes. Ainsi Voltaire a commis une erreur historique impardonnable, et dans un livre d'histoire, pour ne s'être pas souvenu du mot latin
villa; ce qui prouve, soit dit en passant, qu'on
ne perd pas tout à fait son temps en étudiant
avec soin la langue latine.

Voici qui est encore de la science, et non pas
même dans un livre d'histoire, mais dans un dictionnaire, c'est-à-dire dans un livre où tout est
leçon, ou a la prétention de l'être. Voltaire l'a

---

(1) *Essai sur les mœurs*, chapitre xcviii; *de la Noblesse.*

même écrit pour l'*Encyclopédie*, et on l'a imprimé dans l'*Encyclopédie*. « Les mots qui signifient les parties du corps humain, ou des choses d'un usage journalier, et qui n'ont rien de commun avec le latin ou l'allemand, sont de l'ancien gaulois ou celte, comme *tête, jambe, sabre, pointe, aller, parler, écouter, regarder, aboyer, coutume, ensemble*, et plusieurs autres de cette espèce (1). » Il est difficile de se tromper plus complétement en fait d'étymologie. Je ne suis pas le premier qui se soit étonné en lisant cette phrase extraordinaire. « Il est étonnant, dit le marquis de Luchet, que M. de Voltaire ait eu une pareille distraction ; il l'est plus encore que le rédacteur de l'*Encyclopédie* ne s'en soit pas aperçu. *Tête* vient du mot latin *testa*. Ausone a dit :

> Abjecta in triviis inhumati glabra jacebat
> Testa hominis, nudum jam cute calvitium.

Jambe est dérivé d'un verbe grec qui veut dire *fléchir*. *Sabre* est un mot tudesque : *Sœbel* ou

---

(1) *Dictionnaire philosophique*, article *François*, section première.

sabel signifie une épée courte. *Pointe* vient du
verbe *pungo; écouter*, du verbe latin *auscultare;*
parler, du mot grec *parabola*, latinisé depuis,
mais grec d'origine (1). » Le marquis de Luchet
n'était pas un savant; c'était même à peine ce
qu'on appelle un homme instruit. Aussi avoue-t-il
de bonne grâce qu'il ne fait que répéter ce qu'un
de ses amis avait remarqué à ce sujet : « Je ne
me rappelle pas l'auteur de la lettre où j'ai puisé
cette érudition : autrement je lui en ferais honneur. Ses observations sont justes; et M. de
Voltaire en aurait profité, si elles étaient tom-
bées sous sa main. »

Le correspondant du marquis de Luchet ne
s'en était pas tenu sans doute aux six mots *tête,*
jambe, sabre, pointe, écouter et *parler*. Peut-
être avait-il passé condamnation sur *aller*, dont
l'étymologie est inconnue; mais il avait dû faire
ses réserves et sur *regarder*, qui est d'origine
germanique, et sur *aboyer*, qui ressemble singu-
lièrement au grec βαύζω, et sur *coutume*, qui
vient du latin *consuetum*, et sur *ensemble*, qui

---

(1) *Histoire littéraire de M. de Voltaire*, tome quatrième;
sur le mot *François*.

est le latin *insimul*, encore parfaitement reconnaissable. Ainsi il n'y a qu'un seul des onze mots cités par Voltaire, qu'on puisse à la rigueur admettre comme celte ou gaulois. Il ne fallait pourtant pas être un bien grand latiniste pour ne pas ignorer l'origine au moins de *tête*, de *pointe*, d'*écouter* et d'*ensemble*. Un enfant se fût souvenu de *simul*, et eût deviné *insimul*, qui a servi d'intermédiaire. *Auscultare* ne fait point difficulté. Tout le monde sait que *pungo, pepugi, punctum*, signifie piquer, et a donné le verbe *poindre* et ses substantifs *point* et *pointe*. Si *testa* signifie proprement un pot de terre, il signifie aussi, et dans le meilleur latin, *carapace, écaille* et *coquille*. De là au crâne, qui est la coquille, l'écaille et la carapace du cerveau, il n'y a pas bien loin ; et qui dit crâne, dit tête : on l'a bien vu par le distique d'Ausone.

Voltaire ne s'en est pas tenu à sa remarque générale sur l'origine de certains mots français d'un usage journalier, et à ces onze exemples si heureusement choisis. Dans une autre section du même article, il a dressé un catalogue alphabétique de plus de deux cents mots français qui nous sont restés de la langue celtique, et même

que le temps, suivant lui, n'a presque point
altérés. Ce qu'il y a de singulier, c'est que Voltaire fait figurer dans son catalogue les mots
bivouac, halte, marche et *maréchal,* à quatre
ou cinq pages seulement de cette phrase : « La
plupart des termes de guerre étaient francs ou
allemands : *marche, halte, maréchal, bivouac,
reître, lansquenet.* » Mais nous n'avons pas à
nous occuper de ces contradictions. Je ne note-
rai même pas que la plupart des mots du prétendu catalogue gaulois ont une physionomie
toute germanique, et que les quatre mots pro-
clamés d'abord francs et allemands par Voltaire
ne sont pas les seuls que pourraient revendiquer
les conquérants de la Gaule. Je laisse aux ger-
manistes le soin de nous édifier sur la vraie
étymologie de *danse,* par exemple, d'*est,*
d'*ouest,* de *nord,* de *sud,* de *fifre,* de *halle,* de
marque, de maint autre. Je ne m'occupe que des
mots qui viennent du latin, non pas même des
douteux, mais de ceux qui sont aussi incontestablement latins d'origine que *tête* ou *ensemble.*
La moisson d'erreurs sera encore suffisamment
abondante.

1° *Acheter.* On écrivait autrefois *achepter* ou

achapter. C'est le latin *acceptare,* ou, si l'on
veut, c'est le même mot qu'*accepter*, sous une
forme un peu altérée, et dans un sens dérivé.
Littré rapporte le substantif *achat* aux deux mots
ad et *caput*. C'est toujours du latin, et non du
celtique.

2° *Chat*. On disait, dans le latin barbare, *ca-*
tus, *cattus* et *gatus*, au lieu de *felis*. C'était
l'épithète de l'animal, qui avait évincé le substantif, et qui s'était substituée à sa place : *catus*
signifie proprement avisé, fin, habile. *Catus*,
dit un vieux glossateur cité par du Cange, *dici-*
tur veluti cautus ; unde hic Catus, quoddam
animal ingeniosum, scilicet Murilegus, quem
alii dicunt Gatus, per g, scilicet corrupte.
Notez en passant que l'adjectif *catus* est dans
Horace, et qu'on enseigne aux écoliers de collége pourquoi M. Porcius Priscus fut surnommé
Cato. Je dois dire que certains étymologistes
font venir *catus* et *cattus*, signifiant *chat*, d'ailleurs que de l'adjectif *catus*. Mais ils ont cher-
ché midi à quatorze heures.

3° *Clou*. Il est aussi bizarre de rêver Gaule à
propos de ce mot, que si on le rêvait à propos
de *clé*. Voltaire n'a pas mis *clé* dans son cata-

logue, sans doute parce qu'il a pensé immédiatement à *clavis :* il ne fallait pas plus de réflexion pour trouver *clavus ;* et, quand on a *clavus*, on n'a pas moins *clou* qu'avec *clavis* on a
clef et *clé.*

4° *Échalas.* Si *scala* a fait échelle, à plus
forte raison a-t-il fait *échalas*, puisque l'échalas
n'est autre chose qu'un appui pour soutenir les
tiges rampantes et les aider à monter. La
vigne monte à l'échalas comme nous montons à
l'échelle, et même non sans se servir de ses
mains.

5° *Hors.* On écrivait aussi *fors*, jusque dans
le seizième siècle. « Tout est perdu, *fors* l'honneur. » Peu importe que François Ier l'ait écrit
ou non. En ce temps-là, on pouvait encore
l'écrire. Conférez simplement *foris* et *foras* avec
fors et *hors*. Il serait ridicule d'insister.

6° *Laquais.* Les plaisants le font venir du
latin *verna*, par les intermédiaires *vernaculus*,
vernaculajus, *vernalacujus*, *vernalacajus*, d'où
lacajus et *laquaius*. Ceux qui savent que *laquais*
s'écrivait autrefois *lacquetz*, ne sont nullement
embarrassés pour déterminer sa provenance.
L'étymologie est *lacs*, autrefois *lacqs*, contrac-

tion de *laqueus*. Un *lacquetz* ou *laquais*, c'est
primitivement un valet de chasse, l'homme qui
surveille le lacqs ou lacs, le *laqueus*, c'est-à-dire
le filet, le piége, le panneau; et, du valet de
chasse au valet d'antichambre, ou même au valet de chambre, il n'y avait que la distance souvent d'une casaque à une autre, de la casquette
à la tête nue, des guêtres aux simples chausses,
et des souliers ferrés aux escarpins.

7° *Lors, lorsque.* Ce sont des abréviations de
alors, alors que. Alors n'est autre chose que
l'italien *allora*, c'est-à-dire le mot latin *hora*
précédé d'une préposition et d'un article. Je ne
sache que Voltaire, qui ait jamais contesté que
hora eût fourni l'idée fondamentale des mots
dont nous nous servons pour dire en abrégé : *à
cette heure, en ce temps, à l'heure où, dans le
temps où.*

8° *Ruer.* Conférez le latin *ruo*, dans son sens
actif, c'est-à-dire pousser en avant, pousser
ou frapper pour faire tomber, jeter à terre, ren-
verser, etc. *Ruer* se construisait autrefois en
français avec un complément direct, *ruer quelqu'un, ruer quelque chose;* et l'Académie admet
encore *ruer des pierres.* Dans le sens où on

l'emploie ordinairement, *ruer* est une ellipse pour *ruer le pied, ruer quelqu'un avec le pied.* La langue des Celtes n'a rien à voir, ni pour le sens ni pour la forme, dans un mot qui n'est que la transcription littérale de *ruere.*

9° *Salaire.* Cherchez dans tous les dictionnaires latins, et vous y trouverez *salarium*, et dans le sens même de notre mot *salaire.* C'est proprement la paye du soldat, la solde; mais Sénèque, Tacite et d'autres auteurs se servent aussi de *salarium* pour signifier non-seulement la paye du soldat, mais toute espèce de salaire, gages, traitement, appointements, émoluments, toute rétribution d'un travail quelconque.

'10° *Troupe.* C'est le mot latin *turba.* La métathèse de la lettre *r* et le changement du *b* en *p* sont des phénomènes qu'on observe perpétuellement dans le passage d'une langue à l'autre. Quant au son *ou,* c'est l'exacte transcription de l'*u* du mot latin.

J'aurais pu doubler cette liste; j'aurais pu y joindre aussi un certain nombre de mots qui sont grecs sinon latins d'origine, ou qui du moins semblent avoir un étroit rapport avec le grec: ainsi, *ballot, blesser, brise* de vent, *cracher, frire*, et plusieurs autres. Mais je n'ai voulu constater que des erreurs manifestes, et des erreurs qui pussent nous renseigner sur la science latine de Voltaire. Le marquis de Luchet eût pris sans doute ces bévues pour de simples distractions; mais nous n'avons pas les mêmes motifs que lui pour nous abstenir d'appeler les choses par leur nom véritable.

D'ailleurs, nous avons vu Voltaire commentateur de latin. Concluons qu'il n'était pas tout à fait un latiniste de premier ordre. Encore deux péchés de ce latiniste, et notre chapitre est fini.

> Ut ridentibus arrident, ita flentibus adflent
> Humani vultus.

C'est ainsi que Voltaire, dans *l'Homme aux quarante écus*, cite le fameux axiome d'Horace; puis il ajoute en note : « Le Jésuite Sanadon a mis *adsunt* pour *adflent*. Un amateur d'Horace prétend que c'est pour cela qu'on a chassé les Jésuites. » La plaisanterie est assez plaisante ; mais ce n'est qu'une plaisanterie : je veux dire qu'elle ne prouve rien, ni pour *adflent*, ni contre le goût du P. Sanadon. Il ne s'agit pas de savoir si *adflent* vaut mieux qu'*adsunt*, mais si

Horace a écrit *adflent*. Nous n'avons aucun droit de prêter à Horace plus d'esprit qu'il ne lui a plu d'en avoir. Or, ceux qui ont introduit *adflent* dans l'*Art poétique* n'avaient aucune mission que leur fantaisie. Les manuscrits d'Horace donnent unanimement *adsunt*. Le P. Sanadon a donc fait acte d'honnête homme et d'éditeur consciencieux, en restituant la leçon authentique à la place d'une correction illégitime, sinon ingénieuse. Aussi bien *adsunt* est très-suffisant, pour marquer cette sympathie dont parle le poëte latin.

Si Voltaire revenait au monde, il chercherait en vain son *adflent* dans les éditions d'Horace dont nous nous servons, même dans ce chef-d'œuvre de typographie que MM. Firmin Didot ont achevé naguère à l'intention des plus délicats amateurs d'Horace.

Il n'y a rien de bien grave à avoir pris parti, encore qu'un peu vivement, pour *adflent* contre *adsunt*. Je ne reproche point ceci à Voltaire comme un fait d'ignorance. Ce n'est qu'un trait de fidélité au souvenir des choses apprises dans le jeune âge. Le P. Porée lui avait fait réciter *adflent* : il n'a pas voulu perdre, dans sa vieillesse, comme eût dit Horace, ce qu'il avait appris n'ayant pas barbe au menton.

Nous ne dévouerons pas non plus Voltaire aux dieux infernaux, pour avoir écrit, dans sa dissertation sur Pétrone :

« On admire, on cite ces vers libertins :

> Qualis nox illa.....
> Mortalis ego sic perire cœpi.

Les quatre premiers vers sont heureux, et surtout par le sujet ; car les vers sur l'amour et sur le vin plaisent toujours, quand ils ne sont pas absolument mauvais. En voici une traduction libre. Je ne sais si elle est du président Bouhier.

> Quelle nuit !.....
> C'est ainsi qu'un mortel commença de périr.

Le dernier vers, traduit mot à mot, est plat, incohérent, ridicule ; il ternit toutes les grâces des précédents ; il présente l'idée funeste d'une mort véritable. Pétrone ne sait presque jamais s'arrêter. C'est le défaut d'un jeune homme dont le goût est encore égaré (1). »

Je n'ai point à juger Pétrone ni ses vers. Je

---

(1) *Pyrrhonisme de l'Histoire*, chapitre XIV.

remarque seulement qu'admirables ou non, le dernier n'est ni meilleur ni pire que les quatre autres. *Mortalis ego sic perire cœpi* est peut-être un mauvais vers, mais ce n'est point parce qu'il présente l'idée funeste d'une mort véritable. *Perire*, dans cette phrase, ne donne pas plus l'idée d'une mort véritable, que notre mot *mourir*, dans l'expression *mourir d'amour*. *Perire*, c'est aimer éperdument. Demandez plutôt à Virgile :

Ut vidi, ut perii, ut me malus abstulit error.

Voilà un personnage qui dit *perii,* et qui n'est pas plus mort que vous et moi ; et j'ajoute qu'il le dit en faisant un hiatus, comme s'il avait deviné qu'on citerait un jour ses paroles à Voltaire. Dira-t-on que Virgile ne savait pas s'arrêter, et que son goût manquait de justesse ? Catulle a dit : *Quantum qui potest plurimum perire.* Properce a dit : *Paris fertur nuda periisse Lacæna.* S'agit-il là de mort véritable ? Il y a des exemples de *perire,* construit avec l'accusatif. *Alteram efflictim perit ;* dans cette phrase de Plaute, *perit* est exactement synonyme d'*amat.* Que deviennent les critiques de Voltaire sur le vers de Pétrone ?

CHAPITRE XV

VOLTAIRE HELLÉNISTE

Le charpentier changé en maçon. — Les yeux bleus de Falide. — L'esprit de python. — *Idiotoi.* — *Despote.* — Θεοτοκάς. — *Anthropokaies.* — Questions à madame Dacier. — Prosopopée. — Ἐπιφεμίσαν. — *Péliade.* — Ταπείνεια et *papeina.* — *Pianepsiou.* — *Affreux.* — *Bouteille.* — *Brique.* — *Fier.* — *Moquer.* — *Métaphysique.* — *Enthousiasme.* — *Acanthe.* — Micromégas et les philosophes. — L'entéléchie. — Apologie d'Aristote.

Il ne me suffit pas d'avoir montré que Voltaire, en fait de grec, est resté jusqu'au bout l'écolier Arouet. Je désire qu'on mesure toute l'étendue de son ignorance. Voici une petite revue de ses mérites d'helléniste.

Je n'irai pas chercher bien loin le commencement du catalogue. Je prends la facétie grecque de la dédicace des *Lois de Minos.* Et, pour qu'on ne m'accuse point d'abuser de mes avan-

ta`ges, je mets sur le compte des éditeurs et des
typographes toutes les fautes ridicules dont
fourmille la transcription des deux vers d'Hésiode. Je veux que Voltaire ait bien lu ; je veux
qu'il ait donné, en lettres romaines, l'exact équivalent de ces mots grecs :

Καὶ κεραμεὺς κεραμεῖ κοτέει καὶ τέκτονι τέκτων,
Καὶ πτωχὸς πτωχῷ φθονέει καὶ ἀοιδὸς ἀοιδῷ (1).

Je veux que Voltaire ait correctement écrit le
titre du poëme, et qu'il ait su que ce titre exigeait en français un pluriel, *les Erga kai Hèmé-
rai*, et non point *l'Erga kai imerai*. Les typographes et les éditeurs ont bon dos, et on leur en
rejette souvent de bien plus lourdes. Mais ce
n'est ni sur eux, ni sur personne, qu'on peut
rejeter la traduction des deux vers; et il y a,
dans cette traduction, une énorme bévue. Hésiode n'a point dit que *le maçon* est ennemi *du
maçon*, et le mot τέκτων n'a jamais signifié *maçon*. Τέκτων, c'est proprement celui qui travaille
le bois, *faber lignarius*, comme dit Henri Es-

---

(1) Hésiode, *OEuvres et Jours*, vers 25, 26.

tienne; ou simplement *lignarius, materiarius*,
comme disent les nouveaux éditeurs du *Thesau-*
rus. C'est un charpentier, c'est un menuisier,
ce n'est pas un maçon. Dans la fameuse énumé-
ration que fait Périclès, selon Plutarque, de
tous les arts auxquels les grands travaux d'Athènes ont imprimé une heureuse impulsion, le mot
τέκτων est opposé au mot λιθουργός, qui signifie
tout à la fois et celui qui taille les pierres et
celui qui les pose, le tailleur de pierres, l'appa-
reilleur, le maçon, et, comme écrit Henri Estienne, *faber qui lapides scalpit et operi aptat*.
On prend quelquefois τέκτων en général, dans le
sens de notre mot *artisan, ouvrier;* dans le sens
particulier du mot *maçon*, jamais. Voilà ce
qu'aurait su Voltaire, s'il avait su le grec. Voilà
ce que lui eût dit Scapula, à défaut de Henri
Estienne. Mais il a mieux aimé consulter son
esprit que le dictionnaire. Il se sera dit : « Le
mot architecte vient d'*architectus*, et *architectus*
vient d'ἀρχιτέκτων. L'architecte commande aux
maçons : τέκτων est donc un maçon. » Mais il y a
des choses qui ne se devinent pas. Pour savoir
les langues, il faut les avoir apprises. Tout le
génie du monde ne saurait suppléer à la pra-

tique des mots, qui est le doigté, pour ainsi
dire, de ces délicats instruments.

C'est dans des pages écrites de génie que je
prendrai mon second exemple. Il s'agit des
charmes de la belle Falide. « Nabussan aimé
l'adora, dit l'historien de Zadig. Mais elle avait
les yeux bleus, et ce fut la source des plus
grands malheurs. Il y avait une ancienne loi, qui
défendait aux rois d'aimer une de ces femmes
que les Grecs ont appelées depuis βοῶπις. Le chef
des bonzes avait établi cette loi il y avait plus
de cinq mille ans; c'était pour s'approprier la
maîtresse du premier roi de l'île de Serendib,
que ce premier bonze avait fait passer l'ana-
thème des yeux bleus en constitution fondamentale d'État (1). » Βοῶπις, *aux yeux bleus!* Il
n'est pas besoin, je pense, d'alléguer ici, contre
l'interprétation de Voltaire, ni Plutarque, ni
Henri Estienne, ni même Scapula, ni même
Schrevelius. Renvoyons celle-ci aux enfants qui
sont dans les classes. Ils savent que Junon ne
passait pas pour avoir les yeux bleus. Ils savent
que βοῶπις est l'épithète ordinaire de Junon chez

---

(1) *Zadig*, chapitre XV.

Homère. Ils savent que βοῶπις est le féminin de
l'inusité βοῶπης, et que βοῶπης signifie proprement
qui a des yeux de bœuf ou de vache, et, dans
la langue des poëtes, *qui a de grands yeux*.

Que βοῶπις caractérise de grands yeux ou
des yeux bleus, cela n'importe qu'à l'orthodoxie grammaticale. Voici qui intéresse une
autre orthodoxie. Dans une lettre au marquis
d'Argence de Dirac, je lis cette phrase : « Au
reste, il est prouvé, par ce mot de *python*, qui
se trouve dans le *Deutéronome*, que ce livre ne
fut écrit que longtemps après la captivité, quand
les Juifs commencèrent à entendre parler du serpent Python et des autres fables des Grecs (1). »
Il y a, ce me semble, un notable amas d'erreurs accumulées dans ce peu de lignes. Je ne
m'occupe que du mot *python*. Supposons que
ce ne soit pas simplement, comme *Deutéronome*, un mot des Septante, la traduction grecque d'une expression hébraïque : quel rapport
l'*esprit de python* a-t-il avec le serpent Python?
L'esprit de python, c'est tout simplement l'esprit prophétique, ou, pour parler plus exacte-

---

(1) *Correspondance générale*, octobre 1759.

ment, le démon dont l'inspiration faisait prédire des choses futures, δαιμονικόν μαντικόν, ainsi que parlent les anciens lexicographes. Ce qu'il fallait alléguer, ce n'est donc pas le serpent Python, mais le prophète de Pytho, mais Apollon Pythien, mais la Pythie son interprète :

Pythia quæ tripode a Phœbi lauroque profatur.

Il fallait savoir que le serpent Python ne se nommait pas Python, du moins pendant sa vie, puisque ce nom ne fut inventé qu'après la putréfaction de son corps. Πύθων, de πύθεσθαι, c'est l'étymologie. Le serpent Python est le serpent pourri; ou, si l'on veut, c'est le serpent de Pytho, de la ville ainsi nommée à la suite de la putréfaction du serpent : *nomen*, dit Henri Estienne, d'après Eustathe, *a* πύθεσθαι *sortita*, διὰ τὸν ἐκεῖ τοξευθέντα ὑπὸ Ἀπόλλωνος καὶ σαπέντα δράκοντα.

Il y a, dans les réponses à l'abbé Guenée, un certain nombre d'interprétations plus ou moins contestables. Je laisse ce que Voltaire dit sur les mots *symbolon*, *epiphania*, etc. Je ne note que les erreurs manifestes. « Oui, on a écrit aussi communément *idiotoi* qu'*idiotai*, solitaires; et

ce n'est point du tout pour faire une mauvaise
plaisanterie qu'on a remarqué qu'*idiot* signifiait
autrefois isolé, retiré du monde, et ne signifie
aujourd'hui que sot (1). » On n'a jamais écrit,
ni communément ni rarement, *idiotoi*. Ce mot
n'a jamais existé que dans l'imagination de Voltaire. Ajoutez qu'ἰδιώτης signifie bien quelquefois
ignorant, *simple*, *idiot*, mais qu'il ne signifie
point *solitaire*, *isolé*, *retiré du monde*, au moins
chez les auteurs classiques.

Un peu plus loin : « La qualification de *despote* n'était donnée, dans le Bas-Empire, qu'à
des princes dépendants des empereurs grecs ou
des Turcs : despote de Servie, despote de Vala-
chie. Ce mot originairement signifiait *maître de
maison*. Si on n'avait donné que ce titre à un
empereur, c'eût été une insulte. » Oui, le mot
δεσπότης signifie, dans le grec ancien, *maître de
maison*, mais il signifie bien autre chose encore.
Que dit notre vieux Lancelot ?

Δεσπόζω **,** domine, a l'empire.

_____

(1) *Un Chrétien contre six Juifs*, péroraison à M. G***,
XXIe niaiserie.

Δεσπότης n'est pas seulement un maître de maison : c'est aussi un possesseur, un propriétaire, un souverain, celui qui commande absolument et sans contrôle, enfin un despote dans le sens actuel du mot. *Maître de maison* n'est même pas le sens originaire. Le sens originaire est bien plus énergique. *Dominus, herus, proprie respectu servi dictus.* THESAUR. Le δεσπότης est celui qui a des esclaves; δέσποτα est le mot dont se servent les esclaves, quand ils parlent à leur maître. Peu importent les usages du Bas-Empire. Les empereurs eussent pu se contenter d'un titre qui avait marqué jadis la plénitude de l'autorité suprême, et qu'on donnait aux dieux. « *Despotes* est le nom qui convient aux dieux, » dit un personnage d'Euripide; et ce nom, Euripide le met au-dessus de celui de *seigneur*, ἄναξ, qu'on donnait pourtant aux princes et aux rois, et par lequel le serviteur d'Hippolyte s'adresse à son maître :

Ἄναξ, θεοὺς γὰρ δεσπότας καλεῖν χρεών (1).

Ce n'est pas Hybrias qui eût médit du mot

(1) Euripide, *Hippolyte*, vers 88.

despote, lui qui est si fier qu'on l'appelle δέσποτα, et qui répète deux fois son titre dans une
chanson de dix vers! Que dis-je? il l'associe au
titre de *Grand Roi*, au titre du roi de Perse, du
monarque des monarques.

On peut mettre sur le compte des typographes
un mot grec mal écrit, comme καιρέ au lieu de
χαῖρε, qui termine une lettre de Voltaire à Helvétius (1) : seulement, il est singulier que le mot
qui signifie *bonjour* soit à cette place, et non
point au début. Mais on est en droit, et pour
trois raisons, d'imputer à Voltaire lui-même le
barbarisme θεοτοκάς, dans la controverse de
Freind avec don Inigo. Ce barbarisme est répété trois fois, une fois en caractères grecs et
deux fois en lettres françaises. « Il y eut, dit
Freind, une grande dispute, en 431, à un concile d'Éphèse, pour savoir si Marie était θεοτοκάς... — Mais, monsieur, vous me donnez là du
Théotocas! qu'est-ce que Théotocas, s'il vous
plaît? — Cela signifie mère de Dieu. Quoi! vous
êtes bachelier de Salamanque, et vous ne savez
pas le grec? — Mais le grec, le grec! de quoi

---

(1) *Correspondance générale*, 2 janvier 1761.

cela peut-il servir à un Espagnol (1)? » Si don
Inigo avait su un peu de grec, il aurait vu que
cela pouvait lui servir à s'apercevoir que Freind
n'en savait guère, et à faire observer que le concile de l'an 431 avait disputé non point sur θεοτοκάς, mais sur θεοτόκος.

On se rappelle la façon dont le P. Porée fa-
briquait ses noms propres avec des mots grecs.
Voltaire en a fabriqué aussi, comme *Pangloss* et
d'autres, dont il n'y a pas grand'chose à dire.
Il a été moins heureux dans la fabrication de
certaines épithètes; et son *anthropokaies*, par
exemple, peut aller presque de pair avec le
prodigieux *Pœzophilus*. Il a inventé cette qualification pour les inquisiteurs : « Tous ceux qui
étaient accusés de magie étaient brûlés sans mi-
séricorde, par une compagnie de druides qu'on
appelait *les rechercheurs* ou *les antropokaies* (2). »
Antropokaie est aussi une horreur grammaticale. Ou Voltaire l'a formé de l'union impossible du substantif ἄνθρωπος, *homme*, et du présent καίω, *je brûle*, ou il a supposé l'existence

---

(1) *Histoire de Jenni*, chapitre III.
(2) *La Princesse de Babylone*, § XI.

d'un adjectif καῖος qui n'existe pas, et qui ne pourrait, en tout état de cause, avoir une signification active. Il devait ne pas ignorer que *brûlant*, dans le sens actif, c'est le participe καίων, et qu'il y a en grec un substantif, καύστης, qui qui signifie *brûleur*. Si les Grecs avaient eu des brûleurs d'hommes, ils ne les auraient point appelés ἀνθρωπόκαιοι, mais ἀνθρωποκαίοντες, ou plutôt ἀνθρωπόκαυσται.

Voltaire a écrit une dissertation en règle sur les premiers vers de l'*Iliade*, dans l'espèce de lettre à madame Dacier, qui est le pendant des *Questions sur Horace*, adressées à M. Dacier. Après un spirituel compliment à l'unique traductrice et commentatrice, Voltaire transcrit la traduction française des vingt-quatre premiers vers du poëme, puis il ajoute : « Voici la traduction mot à mot, et vers par ligne :

La colère chantez, déesse, de péliade Achille,
Funeste, qui infinis aux Akaïens maux apporta,
Et plusieurs fortes âmes à l'enfer envoya
De héros ; et à l'égard d'eux, proie les fit aux chiens
Et à tous les oiseaux. S'accomplissait la volonté de Dieu,
Depuis que d'abord différèrent disputants
Agamemnon chef des hommes et le divin Achille.
Qui des dieux par dispute les commit à combattre ?

De Latone et de Dieu le fils. Car, contre le roi étant irrité
Il suscita dans l'armée une maladie mauvaise, et mou-
[raient les peuples.]

Il n'y a pas moyen d'aller plus loin. Cet échantillon suffit pour montrer le différent génie des
langues, et pour faire voir combien les traductions littérales sont ridicules.

« Je pourrais vous demander : Pourquoi vous
avez parlé du *sombre royaume de Pluton* et des
vautours, dont Homère ne dit rien ?

« Pourquoi vous dites qu'Agamemnon avait
déshonoré le prêtre d'Apollon ? *Déshonorer* signifie *ôter l'honneur*. Agamemnon n'avait ôté à
ce prêtre que sa fille. Il me semble que le verbe
ἀτιμάω ne signifie pas, en cet endroit, *déshonorer*,
mais *mépriser*, *maltraiter*.

« Pourquoi faites-vous dire à ce prêtre :
« Que les dieux vous fassent la grâce de dé-
« truire, etc.? Ces termes, *vous fassent la grâce*,
semblent pris de notre catéchisme. Homère
dit : « Que les dieux habitants de l'Olympe
« vous donnent de détruire la ville de Troie :

. . . . . δοῖεν Ὀλύμπια δώματ᾽ ἔχοντες,
Ἐκπέρσαι Πριάμοιο πόλιν.

« Pourquoi dites-vous que tous les Grecs *firent connaître, par un murmure favorable,* qu'il fallait respecter le ministre des dieux? Il n'est point question dans Homère d'un murmure favorable. Il y a expressément, *tous dirent,* πάντες ἐπιφεμίσαν.

« Vous avez partout ou retranché, ou ajouté, ou changé ; et ce n'est pas à moi de décider si vous avez bien ou mal fait (1). »

Je crois que madame Dacier eût été quelque peu empêchée pour trouver à toutes ces questions de valables réponses. *Le sombre royaume de Pluton* est une périphrase inutile, et le mot *enfer* du texte en dit bien assez. Quoique Homère parle d'*oiseaux de proie,* et non point d'*oiseaux* seulement, *vautours* est impropre, puisqu'il y a d'autres oiseaux de proie que les vautours, et que *tous les oiseaux de proie* ont eu leur part de la curée, vautours, aigles, milans, corbeaux, etc., οἰωνοῖσί τε πᾶσι. L'observation sur ἀτιμάω est excellente. On pourrait défen-dre *que les dieux vous fassent la grâce;* mais *que les dieux vous donnent* est plus exact et plus vrai.

---

(1) *Dictionnaire philosophique,* article *Scoliaste.*

18

Cependant j'estime que ç'a été un bonheur pour Voltaire que madame Dacier ne fût point là pour répondre. La dernière question de l'interrogateur lui eût donné trop beau jeu. Les fautes que Voltaire reproche à madame Dacier sont des vétilles : l'erreur commise par Voltaire est monstrueuse. Il me semble que j'entends la docte fille de Tanneguy Le Fèvre adresser à son tour au malin correcteur une petite leçon : « Épelez mieux les lettres du texte, monsieur, et vous saurez pourquoi j'ai dit que les Grecs firent connaître leurs sentiments *par un murmure favorable.* Il n'y a point d'ἐπιφεμίσαν, ni dans Homère ni ailleurs. Si ce mot existait, il ne serait pas dans les vers d'Homère, puisqu'il aurait au moins trois brèves consécutives. Ce mot ne peut pas même avoir pu exister, puisque, à supposer un présent ἐπιφεμίζω, l'aoriste serait ἐπεφέμισαν. D'ailleurs, ni ἐπιφεμίζω ni ἐπεφέμισαν n'auraient eu aucun sens. Vous traduisez votre prétendu ἐπιφεμίσαν, *ils dirent.* C'est ἔφασαν qui signifie *ils dirent.* Vous aurez eu quelques vagues souvenirs d'un certain φημί. Mais φημί ni ses temps secondaires n'ont rien à voir dans le vers 22 de l'*Iliade.* Homère n'a écrit non plus ἔφασαν qu'ἐπιφεμίσαν : il a écrit ἐπευφήμησαν, et ἐπευφήμησαν signifie *ils firent entendre un murmure favorable.* Si vous en doutez, décomposez le mot en ses trois éléments. Maintenant, monsieur, permettez-moi de vous faire à mon tour quelques questions, sur vos dix lignes de traduction littérale. Pourquoi faites-vous d'Achille un *Péliade*, c'est-à-dire un fils de Pélias, puisque Pélias n'avait que des filles? Pourquoi prêtez-vous à Homère des *Akaïens* qui sont uniquement de vous? Pourquoi lui faites-vous dire *à l'égard d'eux,* quand il ne l'a point dit? Pourquoi mettez-vous *depuis que d'abord* là où il y a *dès le premier moment où?* Pourquoi changez-vous *ayant disputé* en *disputants?* Pourquoi votre sixième ligne n'a-t-elle aucun sens, tandis que le sixième vers grec est si clair? Enfin pourquoi avez-vous écrit deux fois *Dieu* à la place de *Jupiter?* Convenez, monsieur, que vous n'êtes pas non plus un traducteur infaillible; et, quand il vous prendra fantaisie de faire des questions aux traducteurs de grec, souvenez-vous d'ἐπιφεμίσαν. »

Mais ἐπιφεμίσαν n'est pas le seul mot dont Voltaire ait enrichi la langue grecque. Lisez plutôt ceci : « Des philosophes ont agité si l'humilité est une vertu ; mais, vertu ou non, tout le monde convient que rien n'est plus rare. Cela s'appelait chez les Grecs ταπείνωσις ou ταπείνεια (1). » Certainement ταπείνωσις est un mot grec, et signifie *humilité* dans les Évangiles et chez les Pères de l'Église ; mais ταπείνεια n'appartient ni à la langue grecque, ni à aucune langue. Ce qui n'empêche pas Voltaire de l'avoir lu, à ce qu'il dit, dans Platon et dans Épictète : « Ah ! mon cher ami, où est l'humilité chrétienne? l'humilité, cette vertu si nécessaire aux douceurs de la société? l'humilité, que Platon et Épictète appellent *papeina*, et qu'ils recommandent souvent aux sages (2)? » Je suppose que l'avocat qu'il fait parler ainsi à Nonotte, avait écrit *tapeineia* et non point *papeina*. Si l'on tient au *papeina* des éditeurs, je n'ai aucune raison pour m'en affliger. Ce n'est pas un barbarisme qu'il faut compter alors, ce sont deux barbarismes. .

Qu'est-ce que ceci : *Deutera-ton-pia-nepsiou?*

---

(1) *Dictionnaire philosophique*, article *Humilité*.
(2) *Mélanges littéraires* ; *Lettre d'un Avocat de Besançon*, etc., 1768.

Voltaire prétend que c'est une date en grec, et que cette date répond au 12 octobre des Francs (1). Il a voulu probablement dire, *le deuxième jour de pyanepsion*. Il avait dicté sans doute à son secrétaire : *Deutera tou pyanepsiou*, ou, comme il n'aimait pas les *y*, *pianepsiou*. Tout ce qu'on peut mettre sur le compte des typographes, c'est le changement de *tou* en *ton*, et le trait d'union qui coupe en deux *pianepsiou*. Or, *pianepsiou*, par un *i* ou par un *y*, n'est pas moins un barbarisme que *papeina*. Le mois grec qui commençait vers le milieu d'octobre est bien pyanepsion ; mais pyanepsion, en langue grecque, n'est point un nom neutre : c'est un nom masculin, πυανεψιών. La date de Voltaire devrait être : *Deutera tou pyanepsiônos ;* en lettres grecques, δευτέρᾳ τοῦ πυανεψιῶνος. Πυανέψιον est un mot gratuitement prêté par Voltaire à la langue grecque.

Nous trouverions, en cherchant bien, de quoi allonger la liste de ces inventions trop ingénieuses. Mais trois exemples, je crois, suffisent.

---

(1) *Facéties; Mandement du révérendissime Père en Dieu Alexis*, etc.

Pourtant notre revue promise n'est pas tout à fait terminée. Nous avons noté des erreurs d'interprétation, et puis des fautes de mots : examinons maintenant quelques-unes des étymologies grecques attribuées par Voltaire à certains mots de notre langue.

Il a dressé, dans le *Dictionnaire philosophique*, à l'article *Grec*, un catalogue de vingt-huit mots français qu'il regarde comme venus du grec sans passer par l'intermédiaire du latin. Ce ne sont pas de ces termes scientifiques inventés dans les derniers siècles. C'est ce qu'il appelle les restes de la langue qu'on parlait à Marseille du temps d'Auguste. Une douzaine de ces étymologies sont à peu près vraisemblables ; dix ou douze autres sont très-contestables ; cinq au moins sont absolument fausses. Nous ne parlerons que de celles-ci.

1° *Affre, affreux*, d'ἄφρονος. Je suppose que Voltaire veut dire d'ἄφρων. Mais je ne lui impute point la faute. Il a lu ἄφρονος dans Lancelot. Il eût pu du moins l'y laisser. En tout état de cause, ἄφρων ne signifie pas *affreux*, mais *en démence*. Il y a trop loin d'une idée à l'autre, pour qu'on puisse raisonnablement tirer *affreux* d'ἄφρων. La ressemblance de sons ne prouve rien : il faut l'analogie du sens. *Affre* et *affreux* sont d'origine germanique ; voyez Littré.

2° *Bouteille*, de βότρυς. *Bouteille* vient peut-être de *bouter*, qui voulait dire *mettre ;* et *bouter* n'a rien de commun avec βότρυς, *grappe de raisin*. Ici, les analogies sont purement fortuites. Si l'on rattache bouteille au grec, il faut citer βύτις et βούτιον, qui sont des vases.

3° *Brique*, de βρυχή. Or, βρυχή signifie *rugissement, hurlement*, et n'a jamais eu aucune autre signification. *Brique* se rattache au verbe *briser*.

4° *Fier*, de φιαρός. *Fier* sort directement du latin *ferus* et *ferox ;* et φιαρός, *gras* et *luisant*, n'est entré pour rien dans la procréation de ce mot. Quand même on ferait venir *ferus* de φιαρός, Voltaire serait toujours dans son tort, puisqu'il a la prétention de ne donner que des mots directement sortis du grec.

5° *Moquer*, de μοιχεύω. *Moquer* vient en effet du grec ; mais l'étymologie vraie est μωκάω, μωκάομαι : c'est du moins la même idée et le même radical. Μοιχεύω signifie *courir les bonnes fortunes*, ou, pour parler plus correctement, *com-*

mettre le péché d'adultère; car les Grecs n'avaient pas comme nous des euphémismes malhonnêtes.

Il y a toutefois, dans l'article *Grec*, une judicieuse observation à l'adresse de nos anciens étymologistes. Voltaire remarque avec raison qu'il est ridicule de donner comme venant du grec les mots français qui ont été des mots latins, et qui ne sont réellement que du latin façonné à notre usage. Il eût dû seulement se mieux conformer lui-même à sa règle, et ne pas tirer *fier* de φιαρός. Sa critique tombe en plein sur Lancelot ; mais il devait dire, pour être juste, que Lancelot a entendu donner, et les mots directement venus du grec, et, comme il s'exprime formellement dans le titre de son recueil étymologique, tous les mots français *pris de la langue grecque, soit entièrement, soit par rapport et par étymologie.* Le recueil de Lancelot n'est pas bon ; et je le sais, hélas ! mieux que personne. C'est là pourtant que Voltaire a puisé tout ce qu'il y a de supportable dans le sien. Si Lancelot a fait comme lui la faute d'ἄφρονος, et celle de φιαρός, et même une faute plus grave que βρυχά, puisqu'il donne un βρύχα, *tegula*, qui n'existe point, on n'a du moins à lui reprocher ni βότρυς pour *la bouteille*, ni μοιχέυω pour *moquer*. Cela vaut bien le *dîner*, que Voltaire lui reproche d'avoir tiré du grec, et qui a tout à fait l'air d'en venir, encore qu'on soit parfaitement en droit de contester sa provenance. *Grammatici certant.* Voyez la discussion dans Littré.

Je n'en ai pas fini avec les étymologies. Je demande la permission d'en citer trois encore. Ici l'erreur porte sur les choses mêmes.

« MÉTAPHYSIQUE. *Trans naturam*, au delà de la nature. » C'est ainsi que commence l'article *Métaphysique*, dans le *Dictionnaire philosophique*. Le mot *métaphysique* vient de *metaphysica*, transcription barbare des trois mots grecs μετὰ τὰ φυσικά. La proposition μετά ne signifie point *au delà*. Elle répond quelquefois à *trans;* mais c'est en composition, et là où *trans* exprime le changement, le passage d'un lieu dans un autre, l'action de pousser de part en part, etc. Or, μετὰ τὰ φυσικά, ce sont trois mots distincts, ce n'est point un mot composé. Dans μετὰ τὰ φυσικά, le mot μετά signifie ce qu'il signifie toujours avec un accusatif, *après, à la suite de.* Μετὰ τὰ φυσικά est le titre d'un ouvrage d'Aristote; et cet

ouvrage d'Aristote a été nommé ainsi uniquement
parce qu'il venait à la suite d'un autre, intitulé
φυσικά. La transcription latine aurait dû être
Postphysica, ou *Postnaturalia.* La *Métaphysique* d'Aristote n'est nullement l'antithèse de sa
Physique : elle en est la suite et le développement. Ce que nous nommons aujourd'hui *physique* ne ressemble guère à la physique d'Aristote. Le livre qu'Aristote a intitulé *Physique*, ou
qu'on a ainsi intitulé pour lui, est ce que nous
appellerions un traité d'ontologie. Il n'est donc
pas surprenant, et que l'ouvrage qui suivait la
Physique soit, dans toute la force du terme, un
traité d'ontologie, la philosophie des premiers
principes, et que le titre de cet ouvrage soit
devenu le nom même de la philosophie première, et que le mot *métaphysique* éveille en
nous une idée si différente de celle que nous
attachons au mot *physique.* N'importe ; Voltaire
a eu tort de ne pas se mieux renseigner. J'insiste sur ce point, parce que sa fausse équiva-
lence, *trans naturam*, est un lieu commun qu'on
reproduit depuis cent ans dans tous les livres.
On le reproduira plus d'une fois encore.

« ENTHOUSIASME. Ce mot grec signifie *émo-*

tion d'entrailles, agitation intérieure. Les Grecs
inventèrent-ils ce mot pour exprimer les se-
cousses qu'on éprouve dans les nerfs, la dilata-
tion et le mouvement des intestins, les violentes
contractions du cœur, le cours précipité de ces
esprits de feu qui montent des entrailles au cerveau, quand on est vivement affecté?

« Ou bien donna-t-on d'abord le nom d'*enthousiasme*, de trouble des entrailles, aux contorsions de cette Pythie qui, sur le trépied de
Delphes,... etc. (1). »

Oui, certes, on donnait le nom d'*enthousiasme* à l'état de la Pythie, quand elle prophé-
tisait assise sur la cortine; mais ce n'est nullement à cause du trouble de ses entrailles et de
ses contorsions. Ἐνθουσιασμός ne signifie point *émotion d'entrailles, agitation intérieure.* Nulle part
Voltaire ne s'est plus lourdement trompé. Il a
supposé que le mot venait de ἐντός, *intus*, et
avait quelque rapport avec ἔντερον, *boyau*, ἔντερα,
entrailles. Je n'apprendrais rien à un enfant de
cinquième en lui disant que l'enthousiasme, du
moins en grec, est l'inspiration divine. Ἔνθεος est

---

(1) *Dictionnaire philosophique*, article *Enthousiasme.*

celui qui a un dieu en lui, qui est inspiré par un
dieu. Ἔνθεος, ἔνθους a fait le verbe ἐνθουσιάζω, qui
marque l'état où nous met l'inspiration divine;
et ἐνθουσιασμός est le substantif de ce verbe. Ainsi,
ces questions sur l'invention du mot *enthousiasme* par les Grecs, Voltaire ne les a faites que
parce qu'il ne savait pas même que le fond de
ce mot, c'est dieu. Un θ pris pour un τ, c'est
peu de chose en soi : c'est assez néanmoins pour
nous montrer non-seulement que Voltaire ignorait le grec, mais que cette ignorance pouvait
précipiter le plus spirituel des hommes dans des
sottises dont rougirait un écolier.

La dernière citation que je veux faire ne mon-
trera pas Voltaire battant la campagne, et s'éver-
tuant à tirer de notre ventre la notion de ce
qu'il y a de plus divin dans notre être. Il n'est
pas que vous ne vous souveniez de quelques-uns
des vers du bonhomme Lancelot, surtout de
ceux des premiers dizains. Je suis presque
sûr que vous citeriez incontinent, si je vous en
priais, le vers sur ἄκανθα :

Ἄκανθα, ronce, épine, arête.

Mais je vous apprendrai peut-être quelque chose

en vous disant que Voltaire a fait une comédie
intitulée *le Droit du Seigneur*. Il l'écrivait à peu
près vers le temps où on imprimait pour la première fois la dissertation sur l'enthousiasme. Si
je me trompe un peu sur la date, il n'importe
nullement. Cette comédie ne vaut rien ; mais
nous n'avons point à discuter ses mérites. Il ne
s'agit que d'un nom. L'amoureuse, dans *le Droit
du Seigneur*, se nomme *Acanthe*. C'est ce nom
même qui fait le sujet des premières paroles
prêtées par l'auteur à ses personnages.

MATHURIN.

Écoutez-moi, monsieur le magister :
Vous savez tout, du moins vous avez l'air
De tout savoir ; car vous lisez sans cesse
Dans l'almanach. D'où vient que ma maîtresse
S'appelle Acanthe, et n'a point d'autre nom ?
D'où vient cela ?

LE BAILLI.

          Plaisante question !
Eh ! que t'importe ?

MATHURIN.

          Oh ! cela me tourmente :
J'ai mes raisons.

LE BAILLI.

Elle s'appelle Acanthe :

C'est un beau nom; il vient du grec *Anthos*,
Que les Latins ont depuis nommé *Flos*.
Flos se traduit par *Fleur*; et ta future
Est une fleur que la belle nature,
Pour la cueillir, façonna de sa main :
Elle fera l'honneur de ton jardin.

Mais c'est le bailli qui parle, direz-vous; ce n'est pas Voltaire. Erreur ! c'est bien Voltaire. Sinon, il faudrait ou que la bévue du bailli fût relevée dans la pièce, ou que le bailli ne figurât que comme un sot parlant à tort et à travers, ou que la bévue fût de telle nature qu'elle ne pût manquer de sauter aux yeux du spectateur. On ne dira probablement point que Voltaire supposait le dixième dizain de Lancelot dans toutes les mémoires. Son bailli n'est ni un ignare ni un sot; c'est un fin matois, et de plus un savant. Enfin rien dans la pièce ne révèle que le bailli a dit une sottise ; et je ne sais si personne, depuis cent et tant d'années, s'est seulement aperçu qu'il ne s'exprimait pas d'une façon congrue. Il est vrai qu'on ne lit guère *le Droit du Seigneur*, et qu'on le joue encore moins : d'ailleurs, ceux qui savent le grec ont un peu mieux à faire que d'étudier une pareille rapsodie. C'est donc Voltaire qui tire d'ἄνθος le nom d'Acanthe. Il n'a pas

pris cette fois un *o* pour un *τ*, ni un souffle
divin pour des entrailles : il a pris la ronce pour
une fleur, et égalé l'épine à la rose.

On s'étonne peut-être, après tout ce qu'on
vient de lire, que Voltaire ait comme pris à plaisir d'étaler sans cesse à tous les yeux les preuves
de cette ignorance du grec dont nous venons de
mesurer l'étrange profondeur. Il semble, en
effet, que la prudence lui commandât de se contenir, chaque fois qu'il se sentait la moindre
démangeaison de citer du grec, ou de disserter
sur les mots de la langue grecque. Platon a dit
ceci, Épictète a dit cela, l'*Iliade* est telle chose,
l'*Odyssée* est telle autre chose : ces formules auraient dû lui suffire. Elles sont commodes, et elles
ne sont pas très-compromettantes. Il le savait
bien, car il en a usé et abusé plus que pas un.
Mais il savait aussi à quel public il avait affaire.
Il n'écrivait pas pour MM. de l'Académie des
Inscriptions et Belles-Lettres. Richelieu n'était
pas le seul en France qui fût de sa force sur le
grec. Il était sûr du vulgaire des lecteurs. Il
n'était pas moins sûr du vulgaire des critiques,
amis ou ennemis. Il comptait sur l'impunité.
Mieux encore. Il ne se livrait à ces exercices que

pour accroître sa renommée. C'est pour que aucune gloire ne lui manquât parmi les contemporains, qu'il crachait, comme on dit, du grec à tout propos, et même hors de propos. Je ne lui prête rien. Non-seulement il a fait ce calcul, mais c'est lui-même qui nous révèle qu'il l'a fait.

Habemus confitentem reum. Cette confession est dans *Micromégas.* Je vais rappeler au lecteur quelques lignes de la conversation du jeune géant avec les hommes du vaisseau qu'il tient sur son ongle.

« Enfin Micromégas leur dit : Puisque vous savez si bien ce qui est hors de vous, sans doute vous savez encore mieux ce qui est en dedans. Dites-moi ce que c'est que votre âme, et comment vous formez vos idées? Les philosophes parlèrent tous à la fois, comme auparavant; mais ils furent tous de différents avis. Le plus vieux citait Aristote; l'autre prononçait le nom de Descartes, celui-ci de Malebranche, cet autre de Leibnitz, cet autre de Locke. Un vieux péripatéticien dit tout haut avec confiance : L'âme est une entéléchie, et une raison par qui elle a la puissance d'être ce qu'elle est. C'est ce que

déclare expressément Aristote, page 633 de
l'édition du Louvre :

Ἐντελέχειά ἐστι, etc.

Je n'entends pas trop bien le grec, dit le géant.
Ni moi non plus, dit la mite philosophique.
Pourquoi donc, reprit le Sirien, citez-vous un
certain Aristote en grec ? C'est, répliqua le savant, qu'il faut bien citer ce qu'on ne comprend
point du tout, dans la langue qu'on entend le
moins (1). »

Voltaire, en écrivant ceci, a dû éprouver de
bien vives jouissances. Cet alinéa, qui n'a
d'abord l'air que d'une agréable raillerie, est la
mystification des mystifications. Et voyez ! En
apparence, Voltaire daube sur le vieux bonhomme qui cite Aristote en grec ; en réalité, et
ici même, il fait comme son citateur : il nous
prend pour dupes. Lui aussi, il cite ce qu'il ne
comprend point du tout, dans la langue qu'il
entend le moins; et il le fait là même où il se
moque de ceux qui le font ! Il raille notre sottise, et il profite de notre sottise ! Il en profite

----

(1) *Micromégas*, chapitre VII.

bien plus encore que le vieux péripatéticien.
Nous voyons clairement que le péripatéticien ne
sait pas ce qu'il dit, quand il parle de l'âme ;
mais nous devons conclure de sa citation que
Voltaire savait le grec, et. qu'il lisait Aristote.
C'est bien là ce qu'a prétendu Voltaire, et voici
comment je traduis sa pensée : « Mon cher lecteur, vous n'êtes qu'un niais, car vous allez me
prendre pour un savant. Vous allez vous imagi-
ner que j'ai confronté Aristote, et dans l'édition
du Louvre. Page 633 ! Ἐντελέχεια ! Doutez, si
vous l'osez ! Doutez surtout que j'aie de bonnes
raisons pour berner les péripatéticiens et l'entéléchie ! »

Ce qui est plus grave, c'est que la citation est
fausse. Je pourrais aller jusqu'à dire que, citer
la page 633 de l'édition du Louvre, c'est ne rien
citer du tout. L'édition du Louvre est l'édition
donnée par Guillaume du Val ; et l'édition donnée par Guillaume du Val a deux volumes ; et
chacun de ces deux volumes a sa pagination
particulière. Est-ce à la page 633 du premier
volume que nous renvoie le péripatéticien ? est-ce
à la page 633 du deuxième volume ? Voltaire
devait le dire. Mais je consens à ce que Voltaire

se soit entendu avec lui-même quand il écrivait ces mots : *page 633 de l'édition du Louvre.* Aussi bien le mot ἐντελέχεια se trouve à la page 633 du premier volume de du Val. Mais n'y cherchez point, ni ailleurs dans Aristote, aucune phrase commençant par ἐντελέχειά ἐστι. Gardez-vous surtout d'y rien chercher qui réponde de près ou de loin à la définition de l'âme soi-disant tirée d'Aristote, et de la page 633 de l'édition du Louvre.

Ce qui est beaucoup plus grave encore, ce sont les conséquences de ces erreurs plus ou moins involontaires. Aristote ni les péripatéticiens ne s'en relèveront jamais. Qu'est-ce pour nous qu'un péripatéticien, depuis que le péripatéticien de Voltaire a déraisonné devant Micromégas ? un absurde ignorant, qui parle pour ne rien dire. Qu'est-ce pour nous qu'Aristote, depuis que son ridicule disciple l'a fait parler dans le roman de Voltaire ? un charlatan qui combinait des syllabes, et qui faisait croire aux niais que ces syllabes avaient un sens. Qui n'a pas entendu crier : *Entéléchie ! entéléchie !* Aristote est jugé quand on a dit : *Entéléchie !* Assurément *entéléchie* n'est rien. C'est même, si l'on veut, un

terme très-moquable. Je ne·tiens nullement à
défendre des sons. Mais ἐντελέχεια est quelque
chose.· C'est même une très-belle chose, puisque
c'est *la perfection*. Il est permis de discuter sur
l'usage qu'Aristote fait d'ἐντελέχεια. Mais ἐντελέχεια est parfaitement clair en soi, et n'a rien, ni
dans ses éléments ni dans sa composition, qui
prête au ridicule ; j'ajoute, ni même dans l'usage
ou dans l'abus qu'en ont fait Aristote et les péripatéticiens. Il est permis, je crois, de dire,
comme le fait réellement Aristote, à la page 633
du premier volume de l'édition du Louvre, que
l'individualité, la forme, la figure, constituent
perfection, eu égard à la matière vague et indé-
terminée ; autrement pour le grec, que le ·mot
ἐντελέχεια est synonyme de εἶδος, de μορφή et de
τόδε τι. Il ń'y a rien là qui me scandalise, ni qui
puisse scandaliser personne. Non que je pré-
tende qu'Aristote a raison partout, et qu'il ne
s'est pas trompé quelquefois dans ce qu'il dit de
l'âme.

Voilà la vérité sur ἐντελέχεια. Et pourtant *entéléchie* est ridicule ! Et pourtant *entéléchie* a tué
Aristote, et par la main d'un homme qui n'avait
pas même daigné s'enquérir d'où vient *entéléchie !*

ÉPILOGUE.

Effet d'un paradoxe. — Conversion d'Hippolyte Rigault. — Caractère propre de la démence de Perrault et de La Motte. — Qu'est-ce qu'une traduction? — Les poëtes anciens en français. — Les poëtes allemands en français. — Hypothèse d'un Perrault ou d'un La Motte anti-allemand. — Comment je sais ce que vaut la poésie germanique. — Un maître d'allemand. — Qui était Charles-Auguste Debs. — Épisode de Sorbonne. — Une leçon d'allemand, de bon goût et de modestie. — *Christ ist erstanden!* — Affabulation.

Voltaire ne savait pas le grec. Il y a longtemps, bien longtemps, que j'ai articulé cette proposition pour la première fois. C'était devant des amis. D'autres m'auraient sifflé, hué, lapidé peut-être. Eux, ils se contentèrent de crier au paradoxe. Ils étaient surpris et scandalisés. Ce qui était clair pour moi comme le jour, ils ne l'avaient pas vu, ils ne le voyaient pas, ils ne concevaient pas qu'on le vît. C'est qu'on ne lit pas Voltaire pour s'informer de ce qu'il savait ou ne savait pas. Combien y a-t-il de personnes,

19.

même parmi les lecteurs assidus de Voltaire, qui
soupçonnent jusqu'à quel point Voltaire ignorait
quelques-unes des choses sur lesquelles il disserte avec la plus intrépide assurance? Notre
cher et regretté Hippolyte Rigault n'en revenait
pas de mon *paradoxe*. J'avais évidemment ca-
lomnié Voltaire! Cet exemple suffit. Voilà un
homme qui n'était pas seulement un des plus
spirituels qu'il y eût, mais un des plus instruits
et des plus judicieux. Il connaissait Voltaire, et
le connaissait bien. Il s'était aperçu, comme tout
le monde, que Voltaire n'est pas un érudit consommé. Et c'est tout. Ce qui vient de vous crever
les yeux, il n'en avait pas même l'idée.

C'était le temps où Rigault achevait d'écrire
l'*Histoire de la Querelle des Anciens et des Mo-*
dernes. Sur Voltaire, son siége était fait. Il lui
eût fallu refaire la moitié de son livre, s'il avait
tenu compte de toutes mes observations. Pourtant mon assurance et ma persévérance finirent
par lui donner des scrupules. Je lui fournis des
notes précises. Ce n'est donc pas sans une
agréable satisfaction que j'ai lu, dans le livre
imprimé, ces concessions à la principale de mes
critiques (il n'y avait rien de pareil dans le ma-

nuscrit) : « Quant aux Grecs, chez les Jésuites,
ainsi que dans l'Université, on les étudiait moins
que les Latins. Voltaire n'a pas appris du P. Le
Jay et du P. Porée à devenir un grand helléniste. Il estimait la langue grecque la plus belle
des langues; mais il ne la savait guère mieux que
le maréchal de Richelieu : il le confesse, et c'est
tout dire. Lorsqu'à dix-neuf ans il composa son
OEdipe, il ne lut celui de Sophocle que dans la
traduction de Dacier, et, sur la foi d'une version
en prose, il dénonça *les contradictions, les absurdités et les vaines déclamations* du grand
poëte. Plus tard, ce fut après avoir lu le *Théâtre
des Grecs*, qu'il traita Eschyle de *barbare*, et
Aristophane de *baladin*, de *farceur à peine digne
d'être admis à la foire Saint-Laurent* (1). »

Eh bien! soit, diront quelques-uns. Voltaire
ne savait pas le grec; mais les chefs-d'œuvre de
la poésie et de la prose grecques étaient traduits
dans toutes les langues : il les avait, ou les pouvait avoir, en latin, en français, en anglais, en
italien. Il a pu les connaître, et il les a connus.
Peut-on dire, par exemple, qu'il n'ait pas lu

---

(1) H. Rigault, *Histoire de la Querelle*, etc., p. 473, 474.

Homère, ayant lu Pope et madame Dacier? —
Ce n'est pas à M. Rigault qu'il eût fallu aller conter ces choses. Les lignes que je viens de transcrire font voir le cas qu'il faisait de la science
puisée chez Brumoy et ses pareils. Quant à moi,
je n'ai jamais pu concevoir la démence des Perrault et des La Motte, examinant la lune pour
nous donner des nouvelles du soleil. C'est là
pourtant l'exacte image de ceux qui se figurent
qu'ils lisent les anciens, quand ils lisent des traductions. Encore les rayons de la lune sont-ce
les rayons du soleil même, tout pâles et froids
qu'ils nous reviennent. Mais qu'y a-t-il de commun entre le style de madame Dacier et le style
d'Homère? Toutes les traductions en sont là; et
je ne parle pas des mauvaises, elles ne comptent
pas.

Il n'y a jamais eu, il n'y aura jamais de traduction qui puisse tenir lieu de son original. Bien
entendu qu'il ne s'agit que des originaux qui
sont des chefs-d'œuvre, ou tout au moins de
belles œuvres. Je constate simplement la diffé-
rence des langues. Je n'ai nul motif pour ravaler
les traductions et les traducteurs. Je crois même
qu'une bonne traduction est une chose très-esti-

mable. "Les monuments de l'antiquité ont leurs détours, leurs difficultés, leurs ténèbres. Les bonnes traductions sont des guides intelligents et fidèles, qui dirigent les pas du visiteur, qui l'empêchent de s'égarer. Ce rôle est modeste ; ce n'est pas celui que rêvaient les traducteurs d'autrefois, mais c'est un beau rôle encore. Je ne regrette pas les dix ans de ma vie que j'ai usés dans les fonctions de servant du génie antique. Je n'ai pas perdu mon temps, puisque je sais ce que valent les traductions, même celles qui contentent le goût des libraires. Les poëtes anciens sont absolument intraduisibles. Qu'est-ce que Pindare dans les traductions ? Prenez le poëte le mieux traduit : il n'y a pas un vers peut-être, pas un mot, dans l'original, qui ne crie contre le traducteur. Que serait-ce donc si le poëte venait lui-même nous demander compte de son rhythme et de sa mélopée, de tous les charmes que nous avons profanés, de toutes les harmonies que nous avons troublées, de toutes les grâces dont nous n'avons rien laissé ? Ce n'est pas la première fois, ni la seconde, que j'exprime publiquement ces pensées. L'étude et la réflexion ne font que m'y confirmer chaque jour davan-

tage. Il y a des livres qui portent le titre de
traductions; il n'y a point de traductions. Voici
deux mots grecs, δολιχόσκιον ἔγχος. C'est une expression très-fréquente chez Homère. Essayez
de traduire. *Longue lance*, il n'y a plus d'i-
mage. *Lance à la longue ombre*, cela fait cinq
mots, et quels mots! une ridicule cacophonie.
Conclusion : pour connaître Homère, il faut
avoir lu Homère; et Homère, ce n'est ni madame Dacier ni Pope même.

Je vais plus loin. Je dis qu'il ne nous est pas
plus permis de juger des modernes, d'après les
traductions, que des Grecs ou des Romains.
Nous avons lu, vous et moi, les *Faust* en français, et Schiller en français, et les meilleures
traductions françaises de ce qu'on nomme les
chefs-d'œuvre de la littérature allemande. Cette
lecture ne nous a pas infiniment divertis. Plusieurs personnes très-sincères m'ont avoué
qu'elles n'avaient pas pu aller jusqu'au bout,
non pas même de *Wilhelm Meister*, mais de
Werther, mais d'*Hermann et Dorothée*. Supposons quelque Perrault ou quelque La Motte; met-
tons-le à notre place. Que sera-ce pour lui que

la littérature allemande? sottise! délire! ennui!
surtout ennui !

Et pourtant la litérature allemande est une
grande littérature! Et pourtant Goëthe est un
grand prosateur et un grand poëte! Je le proclame à mon tour, non point uniquement parce
que je l'ai entendu proclamer par d'autres, mais
parce que je le sais, parce que je l'ai senti,
parce que cette impression est une des plus vives
et des plus profondes que j'ai jamais éprouvées.
Je n'ai aucun mérite en ceci. Je veux dire, ni
plus ni moins, qu'on m'a enseigné l'allemand, et
que celui qui me l'a enseigné était un homme
supérieur. Je ne sais guère l'allemand, ou, si
vous l'aimez mieux, je le sais comme Voltaire
savait le grec. Mais c'est peut-être la faute du
P. Porée et de ses confrères, si Voltaire n'a été
que l'helléniste qu'on a vu : si j'ignore presque
tout, en fait de langue et de littérature alleman-
des, c'est parfaitement ma faute. J'aurais dû
mieux profiter jadis de leçons excellentes. Je me
souviens toutefois; et mes souvenirs sont tout
palpitants encore. Il y a seize ans déjà que tu
n'es plus, cher maître, cher ami; mais je te vois,
je t'entends, comme le premier jour où tu es-

sayas de nous initier, d'autres et moi, à ces
mystères de la Germanie qui n'avaient point
pour toi de secrets. Tu n'aimais pas la louange;
pardonne donc si je te loue : il faut bien que
j'explique pourquoi je révère et j'adore tes
dieux.

C'était à l'École Normale, il y a trente ans et
plus. L'École Normale, en ces temps-là, n'habi-
tait pas un palais, et son budget était mince.
Elle n'avait pas, comme aujourd'hui, deux maîtres de conférences pour les langues modernes :
elle n'en avait pas même un. Mais il se trouvait
presque toujours, parmi les élèves, quelques
jeunes gens sachant l'allemand ou l'anglais.
On faisait appel à leur dévouement; on les
chargeait de servir de maîtres à leurs camarades. C'est ainsi que Charles-Auguste Debs fut
durant trois ans, de 1834 à 1837, professeur
d'allemand à l'École Normale. C'était un Stras-
bourgeois de pure race germanique. Il avait fait
ses classes au Gymnasium, et n'avait étudié
qu'un an à Paris. Il était notre chef de section;
c'est-à-dire que son nom, dans la promotion de
1834, avait été le premier sur la liste des admis. En 1834, il avait vingt ans; mais c'était

déjà un homme sérieux et mûr; et l'affection que nous lui portions se mêlait d'une sorte d'admiration respectueuse. Ceux qui ont connu Debs ne me démentiront pas, si je dis que jamais le talent n'eût pour sanctuaire une âme plus belle et plus pure. Ceux qui ont lu son livre sur l'activité volontaire savent que la France a perdu, en M. Debs, un esprit sagace et solide, un psychologue de la famille de Maine de Biran et de Jouffroy. C'était peut-être un philosophe de génie; c'était à coup sûr un professeur éminent. Il était né professeur. Il avait l'abondance des idées, la facilité de la parole, l'autorité du maintien et du geste. Sa voix était grave et un peu solennelle, mais non pas monotone ni traînante : il y avait même je ne sais quoi de vibrant et d'ému, qui provoquait l'attention et la sympathie. Debs était éloquent, même sans le vouloir, parce que sa parole, c'était son cœur et son âme.

S'il faut dire toute la vérité, cette noble et riche nature avait ses lacunes. Ce Français de Strasbourg n'était pas assez Français, quoiqu'il écrivît très-bien en français, et quoique son esprit fût la netteté et la limpidité mêmes. Il

n'aimait pas assez la poésie française. Il ne com-
prenait pas toujours Racine.

Dans l'Orient désert quel devint mon ennui!

son éducation germanique ne lui avait pas donné
l'intelligence de ces délicatesses. *Que pensez-
vous de ce vers? — Je n'en pense rien.* Cette
étrange réponse, c'est Debs qui l'a faite, et à
M. Saint-Marc Girardin, et en pleine Sorbonne,
aux épreuves de licence. Il nous fut très-difficile
de le convaincre qu'il avait dit plus qu'une
naïveté.

En revanche, son amour pour la poésie allemande était une véritable passion. Avec quel
enthousiasme il parlait de ses auteurs favoris!
Avec quelle verve il interprétait et commentait
leurs œuvres! Sa belle tête rayonnait, sa voix
prenait des accents inaccoutumés. Des explications données sur le vif, et toutes vivantes elles-
mêmes, nous faisaient pénétrer, bon gré mal
gré, jusqu'aux fibres les plus délicates de cette
poésie, si différente de tout ce que nous admi-
rons. Même ces ballades qui nous semblent pué-
riles, dans le français décoloré des traducteurs;

on sentait qu'elles ont leur valeur et leurs
charmes, par le mouvement du vers, par le
choix des expressions, par le mot mis en sa
place, par la combinaison des sons et des rimes.
Qui chevauche si tard à travers nuit et vent?
cela m'a un jour remué les entrailles, mais en
passant par la voix d'Auguste Debs, et après que
cette voix vibrante et profonde venait de prononcer en allemand l'interrogation de Gœthe.

Voltaire souhaitait aux Allemands plus d'esprit et moins de consonnes. Je laisserai toujours
à d'autres à répéter ces blasphèmes. L'esprit
des Allemands n'est pas l'esprit des Français, et
l'esprit des Français n'est pas l'esprit des Allemands : voilà tout ce que nous sommes en droit
de dire. Quant aux consonnes, il y a beaucoup,
il y a presque tout à rabattre, des préventions
de notre oreille ou plutôt de notre vue. *Christ
ist erstanden!* cela paraît affreux; et il semble
qu'aucune bouche humaine ne saurait parvenir à
articuler de pareilles syllabes. Hé bien! ce vers
est un vers harmonieux; et Gœthe n'a pas eu
tort de le faire chanter par un chœur d'anges.
J'étais chargé d'expliquer *Christ ist erstanden!*
Je m'écorchai le gosier pour lire mon texte, et

on m'entendit très-mal. Alors le maître recommença la lecture, et me montra comment il fallait placer l'accent tonique. Je ne vins pas à bout de prononcer beaucoup mieux que la première fois. Je me permis, dans mon impatience, je ne sais quelle irrévérente réflexion sur la dureté des sons germaniques. Debs ne me punit pas, comme c'était son droit, peut-être son devoir. Il préféra me donner une de ces leçons qui ne s'oublient pas. Je niais l'harmonie, il chanta. Il chantait admirablement. J'écoutai avec ravissement et *Christ ist erstanden!* et tout le chœur des anges. Voilà comment je sais que *Christ ist erstanden!* est un vers harmonieux, encore que je sois parfaitement incapable, même aujourd'hui, de l'articuler sans me tordre la mâchoire. Voilà surtout comment j'ai appris, grâce à l'atticisme d'un Germain aimable, qu'il n'est pas bon de parler de ce qu'on ne connaît pas.

C'est la morale de ce chapitre et de tout mon livre. J'ai pourtant un petit apologue à conter. Il y avait autrefois, c'est-à-dire hier, un dramaturge très-célèbre. Il lui prit fantaisie de faire une *Orestie* d'Eschyle, et il la fit. « Donnez-moi mon Eschyle! Je relus mon Eschyle; » ce sont là les termes dont il se sert, dans le récit de l'enfantement de son drame antique. Nous venons de lui dire qu'il se trompait, en parlant ainsi ; qu'on ne tient pas Eschyle, quand on ne tient qu'une traduction d'Eschyle ; qu'on ne relit pas Eschyle, quand on ne relit que la prose de M. Alexis Pierron ; et que, versifier la prose de M. Alexis Pierron, ce n'est pas faire une *Orestie* d'Eschyle.

FIN

TABLE DES MATIÈRES

CHAPITRE I

LE COLLÉGE

CHAPITRE II

SYSTÈME D'ÉTUDES DES JÉSUITES

Un dialogue de Voltaire. — Le magistrat et son ancien régent. — Reproches du magistrat au maître

CHAPITRE III

LA LITTÉRATURE DES JÉSUITES

CHAPITRE IV

LE P. PORÉE

CHAPITRE X

VOLTAIRE SE MET AU GREC

CHAPITRE XI

DÉFENSE DE CICÉRON PAR VOLTAIRE

FIN DE LA TABLE

Paris. — Imp. Poupart-Davyl et Comp., 30, rue du Bac.

www.ingramcontent.com/pod-product-compliance
Lightning Source LLC
Chambersburg PA
CBHW071626270326
41928CB00010B/1799